7 AÑOS SECUESTRADO por las

LUIS ELADIO PÉREZ
TESTIMONIO DADO A
DARÍO ARIZMENDI

AGUILAR

AGUILAR

© 2008, Luis Eladio Pérez
Este libro ha surgido del testimonio que ofreció Luis Eladio Pérez
en conversación con Darío Arizmendi.
© De esta edición:
2008, Santillana USA Publishing Co.
2105 N.W. 86th ave.
Doral, FL 33122
Tel: (305) 591 95 22
Fax: (305) 591 74 73
www.alfaguara.net

• Aguilar, Altea, Taurus, Alfaguara, S. A.
  Av. Leandro N. Alem 720 (1001), Buenos Aires
• Santillana Ediciones Generales, S. A. de C. V.
  Avda. Universidad, 767, Col. del Valle,
  México, D. F. C. P. 03100
• Santillana Ediciones Generales, S. L.
  Torrelaguna, 60. 28043, Madrid
• Distribuidora y Editora Aguilar, Altea, Taurus, Alfaguara S. A.
  Calle 80 No. 10-23, Bogotá, Colombia

Diseño de cubierta: Ana María Sánchez Baptiste
© Fotografía de cubierta: Associated Press (AP)

ISBN-10: 1-60396-344-8
ISBN 13: 978-1-60396-344-2

Impreso en EE.UU. - *Printed in U.S.A.*
Primera edición en Colombia, mayo de 2008
Segunda edición en EE.UU., febrero de 2009

Contenido

Presentación

El testimonio de Luis Eladio

Después del tortuoso secuestro que lo mantuvo alejado durante seis años, ocho meses, diecisiete días y nueve horas, Luis Eladio Pérez Bonilla regresó a la libertad, a lo que él llama «la realidad». A reencontrarse con su familia, a conocer a sus nuevos integrantes, a descubrir y aceptar los cambios que hubo durante su ausencia, a entender y asumir un nuevo rol como miembro de familia, como ciudadano, como político. A «la realidad», que implica readaptarse a la ciudad y a sus ruidos, exorcizar los temores de su cautiverio, acostumbrarse de nuevo a la libertad que anheló desde la selva, y reinventar su futuro.

Concejal de varios municipios de Nariño y gobernador del mismo departamento, representante a la Cámara, cónsul en Paraguay y senador de la República por el Partido Liberal, Luis Eladio ha retomado, desde hace tres meses y a sus 55 años, la actividad política que venía ejerciendo desde hace más de dos décadas. Pero esta vez lo hace «desde afuera», al margen del Senado o de la Cámara, para luchar por la liberación de sus compañeros de cautiverio. No sólo de los secuestrados políticos, militares y policías, sino de los cerca de 1.300 colombianos que la guerrilla tiene privados de la libertad, la gran mayoría por razones extorsivas y de exigencias económicas.

Este relato hace parte del compromiso que asumió al recuperar su libertad: luchar por los que están pudriéndose literalmente en la selva. Por eso me contó, paso a paso, el calvario de su secuestro.

Al hacerlo, revivió segundo a segundo la crueldad de su secuestro, un mal que no se le puede desear ni al peor de los enemigos. Y Luis Eladio lo hizo a fondo, con las heridas a flor de piel, con los recuerdos en carne viva. De su parte, fue un ejercicio valeroso y doloroso, una auténtica catarsis. Una y otra vez me desnudó su alma, bañado en lágrimas. Durante varias sesiones, durante varias horas, me contó su amarga experiencia y me relató los detalles de esos casi siete años de aislamiento, desde el día del secuestro, el 10 de junio del 2001 en Nariño, hasta el 27 de febrero del 2008 cuando fue liberado por las FARC en una acción unilateral junto con otros tres congresistas, Gloria Polanco de Lozada, Orlando Beltrán Cuéllar y Jorge Eduardo Gechem Turbay.

Luis Eladio Pérez compartió conmigo la penosa vida cotidiana en cautiverio, la pérdida de la dignidad, el maltrato, las diferencias, roces e intolerancias entre los mismos compañeros de cautiverio, las humillaciones a las que era sometido constantemente, sus hambrunas, el miedo a perder la vida, la impotencia de no tener ni una Aspirina para «tratar» un infarto, ni una crisis renal y tres comas diabéticos, amén de dos malarias y dos leishmaniasis, las largas y penosas marchas de hasta cuarenta días por el corazón de una selva virgen y cruel, su relación con Ingrid Betancourt y con las demás víctimas, el engaño de que fue objeto Ingrid por el Gobierno cuando fue plagiada, su angustia por la familia, por el futuro de todos; en fin, su reintegro a su nuevo hábitat, que no ha sido tampoco nada fácil.

Me contó de las condiciones en las que él y sus compañeros de secuestro vivían, situación que define como «la más pura de las barbaries». Me contó cómo es la «estructura» de los campamentos, cómo son las caletas, la alimentación, las rutinas diarias, las cadenas con las que los mantuvieron amarrados por los días de los días, los insectos, las culebras, los tigres, el temor constante, el acecho de la locura, la incertidumbre de la supervivencia, la vida sexual. Su relato sobre su experiencia como secuestrado adquiere entonces una dimensión humana que evidencia el drama individual, familiar y social que es el secuestro.

Con lacerante nostalgia y recordando siempre a sus compañeros, me relató con detalles y dramatismo su periplo en el intento de fuga con Ingrid Betancourt y la decisión conjunta de abortar el plan. Me habló de cómo es la guerrilla por dentro, de cómo reclutan a sus militantes, de sus sistemas de financiación, de los porqués de su crecimiento, de la corrupción de algunos mandos militares, de la desidia del Estado, del crecimiento y la expansión del narcotráfico, de la carencia de sentimientos de la guerrilla, del verdadero significado de los «alias» de la guerrilla, en fin...

Me habló, en suma, sobre la vida y la muerte, compañeras constantes en el secuestro.

Éste es un testimonio que puede llegar a ser muy útil para los colombianos y también para los extranjeros. En el libro se dan claves por montones acerca de nuestra fenomenología de la violencia, y de lo que habría que hacer para tratar de erradicar para siempre uno de los peores flagelos que azotan hoy a uno de los países más esclavizados y martirizados del mundo, como es Colombia, digno de mejor suerte, comprensión y solidaridad. La sociedad tiene que tomar más conciencia de que el problema del secuestro es de todos (no sólo del Gobierno y de las familias de los que están retenidos en las selvas de Colombia) y reflexionar sobre las condiciones en que «viven» los habitantes de las zonas abandonadas por las instituciones.

Con razón y corazón, Luis Eladio Pérez nos hace reflexionar sobre esta desgarradora realidad que ha sufrido nuestra querida Colombia desde hace más de cuatro décadas y que continúa. Y que no pareciera tener salida con luz al final del túnel, por lo menos en el corto plazo.

A él le agradezco su confianza, su sinceridad y su sentido humano para revivir los trágicos episodios que tuvo que enfrentar en ese infierno verde con el fin de continuar la «marcha hacia la libertad» que comenzó para él en febrero del 2008, y que seguirá extendiendo hasta lograr que los demás, que se siguen pudriendo y muriendo de todos los males habidos y por haber, recuperen su dignidad y su sentido de la vida, sin estar sometidos a la sevicia y crueldad de los nuevos bárbaros de la humanidad.

Luis Eladio, como Pinchao y todos los que forman parte de los campos de concentración de las FARC, modelo siglo XXI, son héroes y mártires. Así de claro.

Darío Arizmendi
Bogotá, mayo de 2008

El secuestro

Nunca sospeché que me secuestrarían. Yo creía tener «buenas relaciones» con las FARC. Esto quiere decir que cuando se hace política en provincia, uno tiene que aceptarlo porque todo el accionar de las actividades políticas está sujeto de alguna manera a mantener relaciones con ellos. Por eso estaba relativamente confiado, porque no tenía ningún problema con los grupos que operaban en el departamento de Nariño. No tenía actitudes contestatarias, ni mucho menos. Pero un buen día, que estaba en Ipiales, acepté una invitación de algunos amigos a comer en un restaurante típico de la ciudad, en el barrio El Charco, que es famoso porque prepara los mejores cuyes. Estábamos en el almuerzo con estos amigos, entre ellos el alcalde de la ciudad, cuando escuchamos unos tiros. Resulta que mi conductor y mi escolta estaban en el vehículo, una camioneta del Congreso de Colombia asignada a mí para efectos de mi movilidad y seguridad, cuando aparecieron dos personas, los encañonaron y los bajaron llevándose la camioneta. ¡Bueno! Por supuesto, vino el revuelo de la cosa, no entendíamos muy bien si se trataba de un atentado, un intento de secuestro o un robo.

Sin hacer las consultas pertinentes del caso, volví a los quince días a Ipiales, y un buen amigo mío me dijo:

«La guerrilla le va a entregar la camioneta en una zona que se llama el corregimiento de La Victoria». Le consulté al alcalde de Ipiales y a otros amigos de la región y me dijeron que no había ningún problema, que incluso me acompañaban. Y nos fuimos a La Victoria, el 10 de junio del 2001, y llegamos después de dos horas por carretera destapada en el carro de la alcaldía de Ipiales, íbamos: el alcalde de Ipiales, un ex alcalde de la ciudad, un grupo de escoltas y yo. Cuando llegamos, efectivamente la camioneta estaba parqueada ahí en una de las calles de esa población, entonces nos acercamos y de repente apareció un hombre, que después supe que era el segundo hombre al mando del Frente Segundo de las FARC. Preguntó quién era el senador, manifesté que yo y dijo: «¡Ah, bueno, bienvenido!, la guerrilla… los comandantes quieren hablar con usted». Le dije: «Perfecto, no hay ningún inconveniente». Entonces hizo todo el teatro de que iba a hacer comunicación para hablar. Era un domingo alrededor de las dos o tres de la tarde, me manifestó que hacían comunicación a partir de las cuatro de la tarde, y que entonces alrededor de las cinco tendría respuesta. Llegaron las cinco, las cinco y media, y no hubo respuesta. Entonces apareció un guerrillero, gritó mi nombre, yo me acerqué pues él estaba lejos del grupo, y me dijo que el comandante quería hablar conmigo en otro sitio diferente a donde yo me encontraba con el alcalde y estos amigos. Me subió a otra camioneta y me dijo: «Qué pena pero usted queda retenido, los comandantes quieren hablar con usted».

El alcalde y las demás personas que me acompañaban se quedaron esperándome ahí y no se dieron cuenta de nada. Después de un buen rato, el mismo comandante que me había metido en una camioneta, se acercó a los demás, les dijo que yo quedaba retenido y que se regresaran inmediatamente. Tuvieron que irse. Y yo estuve seis años, ocho meses, diecisiete días y nueve horas esperando a que los comandantes hablaran conmigo. Nunca aparecieron.

A los dos meses escuché por radio cómo, en un operativo militar, el Ejército recuperó la camioneta y mató al comandante que me había secuestrado y a un hermano suyo que era el tercero del frente. Es decir, quedó desmembrada la comandancia del Frente Segundo y recuperaron la camioneta.

Comienzo de la odisea

Ya era de noche cuando arrancamos: entre las seis y media y siete de la noche. Cuando llegamos al final de la carretera, me bajaron en una casita donde pasamos la primera noche. Permanecí sentado al lado de una fogata mientras ellos preparaban café. A las seis o siete de la mañana me quitaron los zapatos para ponerme un par de botas, tres tallas más grandes. Empezamos a caminar y me fueron metiendo monte adentro. Después me subieron en un caballo y empezó la odisea: traspasar parte de la cordillera, hasta caer en la zona del Putumayo, por el Oleoducto Trasandino, ese oleoducto que viene de Orito hacia Tumaco en la zona limítrofe con Ecuador.

En ese momento uno de los comandantes me hizo llegar algunas cosas, entre ellas un radiecito Sony. Cuando me liberaron me enteré de que Estela y Jorge Benavides, amigos míos, habían alcanzado a enviármelo, cuando el alcalde les dio la noticia. Yo pensé que era un «detalle» del comandante. Ese radiecito fue mi compañero permanente durante todo el tiempo de cautiverio… y en él escuché la noticia de mi secuestro y, además, oí al Mono Jojoy, desde la zona del Caguán, dando declaraciones y manifestando que efectivamente yo quedaba retenido y que no recuperaría mi libertad sino hasta cuando existiera una ley de canje. Cuando habló de la ley de canje pensé: «¡De aquí no salgo nunca!». Porque sabía que el Congreso colombiano jamás iba a hacer una ley de canje, porque era legitimar el secuestro a través de un mecanismo legal, y menos si era bajo presión.

Iba a estar secuestrado para siempre. Me iba a podrir en la selva, siendo objeto de uno de los peores delitos que existen, tal vez el peor. Si tuviera que definir el secuestro en una sola palabra, usaría «barbarie». Ya es un drama extremo perder la libertad pero en el secuestro hay otros elementos adicionales: no hay el más mínimo respeto por la dignidad del ser humano, vivimos como animales, encadenados, con una dieta pobre no sólo en alimentos nutritivos sino en el tamaño de las raciones, muchas veces nos acostamos con hambre, dormimos en el piso por años, sin poder limpiarnos, enfermos, sin saber a qué horas lo van a matar a uno, sin saber qué está pasando con la familia, uno se pregunta qué ha hecho para estar padeciendo semejante tormento, qué delito ha cometido para estar privado de todo lo que nos hace personas. ¿Qué más puede ser el secuestro si no la más pura de las barbaries?

No hay derecho de privar a un ser humano de su más elemental condición que es la libertad, con la humillación que ello implica, con el drama que a nivel individual, familiar y social conlleva. Por eso el secuestro es un acto terrorista, porque al final termina intimidando a la población civil y eso lo convierte en terrorista. Por eso la guerrilla de las FARC no pueden eludir esa responsabilidad histórica, de ser definida como terrorista, tal y como la ha calificado la comunidad internacional. Creo que avanzar en una solución política implica, no solamente la liberación de todas las personas que hoy están secuestradas, sino el compromiso ante el mundo de no volver a secuestrar, justamente por el acto de terror y de barbarie que representa.

Cuando me secuestraron, llevaba una carrera de doce años como congresista. Entré al Congreso en el año 1990 como representante a la Cámara. Me tocó la revocatoria del Congreso después de la expedición de la Constitución del 91, y volví a presentarme a la Cámara. Llegué al Senado en 1994 y 1998. Mi período culminaba en el 2002, pero no pude terminar mi trabajo pues me secuestraron en el 2001.

Nosotros, los secuestrados

No sé si pueda decirse que fui el primer secuestrado de carácter político porque ya se habían producido dos secuestros que podían tener esta connotación. El de Fernando Araújo, aunque no era claro si era político o tenía un fin extorsivo, y el de Óscar Tulio Lizcano, en Manizales, pero tampoco había claridad sobre las motivaciones.

Por los días de mi secuestro la guerrilla venía gestionando la liberación unilateral de cerca de trescientos soldados y policías, incluyendo al coronel Acosta, quien había sufrido algunos problemas físicos a raíz de la caída de un helicóptero.

Pero la guerrilla engañó a todos los oficiales y suboficiales y a todos los policías. Tras anunciarles su futura libertad, hubo celebración, fiesta, hasta botaron las cosas que ya no necesitaban y todo el mundo se abrazó, se despidió de ese drama que ya llevaba, en ese entonces, dos y tres años. Resulta que un día cercano a este anuncio, la guerrilla separó a los policías, por un lado, y a los suboficiales y oficiales, por otro. A éstos les pusieron cordeles azules y a aquéllos, cordeles blancos. Alrededor de las siete, ocho de la noche, los sacaron para iniciar, supuestamente, la marcha al sitio donde los iban a liberar. Los del cordel blanco salieron por un camino y los del cordel azul por otro. Ellos no se dieron cuenta de lo que realmente estaba pasando, porque era de noche y caminaban invadidos por una incontrolable alegría, pensaban que marchaban hacia la libertad. A los del cordel blanco, o sea, a los policías y soldados, los subieron en unas lanchas, en unos bongos y efectivamente los liberaron, pero a los oficiales y suboficiales les dieron la vuelta y los devolvieron al mismo campamento. Cuando estos muchachos se dieron cuenta de que no los iban a liberar, que los habían ilusionado, la frustración y tristeza fueron inimaginables, no les dio un infarto porque no tenían ningún tipo de problema cardíaco, pero sólo por eso. Entre estos secuestrados están los de la toma de Miraflores, la de Mitú, la de El Billar, la de Patascoy, que son los más antiguos. Y ellos hasta hoy siguen secuestrados. Algunos llevan ocho, nueve, diez, once años secuestrados, pudriéndose.

Y después de semejante decepción, al otro día llegan Grannobles y Jojoy y les dicen: «¡No se preocupen! Es que miren, el gobierno colombiano no quiere avanzar en un intercambio humanitario. De ahora en adelante vamos a conseguir... vamos a coger políticos y por cada político que cojamos vamos a soltar y liberar cinco o seis de ustedes». Y el primero que cayó fui yo. Aunque, repito, ya estaban Óscar Tulio Lizcano, quien tristemente sigue secuestrado, y se dice que está en la zona del Pacífico, y Fernando Araújo, actual ministro de Relaciones Exteriores quien logró escaparse en el 2007, en otra gran odisea.

Y bajo este esquema, entonces, caí yo de primero, y hubo fiesta, ¡fiesta! Fiesta hicieron los oficiales y suboficiales de mi patria. Y lo entiendo, no los estoy criticando, faltaba más. Entiendo su drama. Pero hubo fiesta. Y resulta que no soltaron a ninguno. Y a los quince días o al mes cayó Alan Jara y no soltaron a ninguno. Después cayó Consuelo González de Perdomo... y no soltaron a ninguno. Después se produce la toma del Edificio Miraflores, que al principio tenía un tinte eminentemente económico pero que, por supuesto, después se convierte en el caso de Gloria Polanco, en un secuestro también político... y tampoco soltaron a ninguno, y cayeron Orlando Beltrán y Jorge Eduardo Gechem... y nada. Y cae Ingrid Betancourt con Clara Rojas... y tampoco. Entonces eso generó un malestar en algunos de los militares y policías hacia nosotros, los políticos. Esto sí no lo pude entender. Generó una atmósfera poco agradable, mal ambiente, lo que se reflejaba en una convivencia difícil, tensa, muy tensa, con dificultades, con falta de comprensión, falta de tolerancia.

Los primeros tiempos

Esos primeros días fueron terribles. Primero, porque me fueron internando en lo profundo de la selva y tuve que hacer un esfuerzo físico sobrehumano para mantener el ritmo de ellos, pues, además de que las caminatas eran larguísimas y durísimas, yo no tenía el estado físico de quien hace deporte de manera regular. Además, estaba absolutamente solo, pues los seis u ocho guerrilleros que me acompañaban en la marcha no me hablaban. Finalmente llegamos a un punto intermedio en la línea del oleoducto que viene de Orito hacia Tumaco, más exactamente entre Orito y una base militar, que a su vez es una estación de bombeo del oleoducto que se llama Monopamba, que pertenece al municipio de Puerres, en el departamento de Nariño. Ahí permanecí los dos primeros años.

La zona me era familiar, nunca había llegado hasta ese punto, pero sabía exactamente dónde estaba. Cuando fui gobernador de Nariño había donado un buldózer y una maquinaria para abrir una carretera entre Nariño y Putumayo, para tener una mejor conexión, justamente aprovechando esa línea del Oleoducto Trasandino. De manera que tenía muchas referencias sobre el lugar donde estaba, no conocía en forma directa la región, pero creo que la había sobrevolado en helicóptero en algunas oportunidades.

El lugar donde permanecí los dos primeros años era selva pura. Nunca tuve contacto con población civil. Me mantenían alejado de un camino que servía de tránsito permanente de cocaína que venía del Putumayo. Quienes me tenían retenido, el Frente Segundo, cobraban un peaje que estaba establecido en esa ruta, en la que había tránsito permanente de droga entre Putumayo y el interior del departamento de Nariño. Además de cobrar ese peaje, también utilizaban esa vía para transportar explosivos, dinamita, municiones, supongo que armas, pero básicamente dinamita, todas estas cosas provienen de Ecuador. Entonces tenía doble tráfico, uno de la coca, con su respectivo peaje de las FARC, y otro, de regreso, con explosivos y munición. Muchas veces tuve que dormir sobre esos bultos de explosivos, que eran transportados en mulas.

Esta vía era un camino de herradura que va paralelo al oleoducto. Fue abierto cuando la Texas Petroleum Company, en el gobierno del presidente Carlos Lleras Restrepo, construyó el oleoducto sobre la base de que la producción de los pozos de Orito iba a ser muy significativa; se llegó a hablar, en ese entonces, de la posibilidad de construir una refinería en Tumaco. Esto fue, entre otras cosas, un error histórico del presidente Lleras porque no le exigió a la Texas la construcción de una carretera con buenas especificaciones sino que ésta se dio el lujo de construir, por primera vez en el mundo, un oleoducto por vía aérea. Entonces se veían helicópteros poniendo la tubería, armando la tubería, y ésa fue una equivocación. Y más aún porque la Texas se equivocó en los estudios del reservorio de los campos de Orito, pues la cresta del pozo petrolero estaba en territorio colombiano, pero el gran reservorio estaba en territorio ecuatoriano. Cuando se dieron cuenta del error, mejor dicho, cuando se dieron cuenta de que la producción iba a ser mínima, no abandonaron el oleoducto pero sí la construcción de la refinería de Tumaco, y se fueron a negociar con Ecuador y, por supuesto, ahí sí les exigieron la construcción de unas carreteras con unas especificaciones muy precisas, y ése es el origen del avance de Ecuador en materia de desarrollo vial. La Texas no perdió, perdió Colombia, perdimos nosotros, los pastusos, los nariñenses, los putumayenses, y los ecuatorianos ganaron porque exigieron esa construcción. Ésa es la historia de los pozos de Lago Agrio en Ecuador, y de la refinería de Esmeraldas, la que no se hizo en Tumaco.

Esa vía, ese camino de herradura, fue producto del movimiento circunstancial que generó el empate de esa tubería que venía vía helicóptero y que se convirtió en el santuario de la guerrilla, del Frente Segundo, que fue el que me retuvo; y también del Frente 48, que es uno de los frentes más significativos e importantes que tienen las FARC desde el punto de vista económico y militar, porque maneja el tráfico de la coca en Putumayo y tiene una logística y un operativo gigantescos.

En este lugar, Joaquín Barbas, un comandante que me parecía familiar, tal vez lo había visto en la Universidad de Nariño, fue muy deferente conmigo. Me decía «Lucho» y un día me regaló un perrito con el que me encariñé y, por supuesto, él conmigo. Lo cuidaba, lo «chocholeaba» todo el tiempo. Se llamaba Tino en homenaje al «Tino» Asprilla y, además, porque era de color negro. Un mal día, llegó un comandante al que le decían Cano, porque era muy canoso, y le cogió una rabia, una inquina tremenda al pobre perrito, lo fastidiaba, no le daba comida, no permitía que le dieran las sobras. Entonces yo empecé a darle comida de la mía, lo poquito que me daban a mí lo compartía con el perrito. Ahí íbamos soportando la cosa, hasta que un buen día el tipo, delante mío, lo mató, ¡lo mató a machete delante de mí! Sentí tanta rabia que cogí un palo y le pegué en la espalda al tipo, se lo tiré a la cabeza, a matarlo, pero el tipo se movió y le di en la espalda. Pensé que me iba a matar, claro, pero el comandante se asustó y no me dijo nada, no me dijo absolutamente nada. No reaccionó, para sorpresa mía se asustó al verme la furia y la rabia y se fue a hacer otra cosa. Cuando se fue todos los demás guerrilleros me felicitaron: «¡Bien hecho!, ¡bien hecho! ¡Bien hecho don Lucho porque ése es un hijueputa!». Como a los dos o tres días al tipo lo sacaron del mando, porque eso trascendió.

Durante estos dos primeros años que estuve íngrimo, solo, sin la compañía de otros secuestrados, terminé hablando con los árboles, pues los comandantes les prohibían a los guerrilleros que hablaran conmigo. Supongo que no me dejaban hablar con ellos por prevención, me imagino que por el hecho de ser político pensaban que podía influir en ellos o persuadirlos para que me ayudaran a escapar, o cualquier cosa. Siempre se mantuvo esa restricción, sobre todo durante estos dos primeros años en la cordillera. Incluso llegó un punto en que sentía la cara tan petrificada por no hablar, que cuando una guerrillera me prestó un espejo yo me dediqué a hacer ejercicios frente a él, gesticulaba para tratar de recuperar el movimiento, tenía la cara paralizada pues nunca hablaba con nadie. Por supuesto, nunca escuchaba una risa, salvo la que de pronto lograban sacarme los amigos muy queridos de «La luciérnaga», de Caracol Radio, en las tardes de semejante soledad y depresión. Tampoco veía el sol, la selva es increíblemente tupida, incluso la ropa la teníamos que secar por las noches en las fogatas.

Dos años después

Dos años en esta situación, día tras día, hasta que me sacaron para unirme con los demás grupos, este recorrido lo hicimos por el Ecuador, pasamos el río San Miguel y dormimos en territorio ecuatoriano. Cuando llegué a ese río me sentía en Cancún, o en Acapulco, o en las Islas del Rosario, porque era un paraíso, un río espectacularmente bello, con arena de fondo, agua cristalina ¡y sol! Yo me quité todo y me expuse al sol, pero en diez, quince minutos quedé absolutamente «bronceado», después no podía moverme. Imagínese, dos años sin recibir sol. El malestar en los ojos por la luz no se me ha quitado. Me afecta tanto la luz solar como la luz eléctrica, siento muchísima molestia en los ojos. De manera que todo eso hace parte de este drama, datos que podrían parecer menores, pero que son parte de la difícil realidad de una persona que ha pasado por una historia así.

En ese momento estaba muy cerca al campamento en el que luego mataron a Raúl Reyes, quien estaba a dos kilómetros del río San Miguel, pero dos kilómetros en la selva es mucho. Es muchísimo cuando la selva es tupida. A veinte metros no se ve nada, es tremendo. A mí me mantuvieron a la orilla del río y, aunque no tenía ninguna comodidad, ahora tenía sol y agua con una temperatura «normal», después de pasar dos años con agua helada y sin energía eléctrica.

Allá me levantaba a las seis de la mañana, y con el calor del cuerpo, por haber permanecido relativamente abrigado en la noche, salía disparado y me metía a un chorro en uno de los caños; claro, el primer lamparazo era duro, pero me bañaba rápidamente, me secaba y me volvía a dormir, porque lo que hice fue invertir el sueño. Dormía durante el día y a partir de las cinco de la tarde, que ya tenía recepción de señal, por cierto bastante buena, me pasaba la noche oyendo radio, hasta las seis de la mañana que me levantaba, me bañaba, desayunaba y empezaba de nuevo la rutina. En eso los guerrilleros me respetaban, ellos me dejaban tapada por ahí la olla con el almuerzo, y yo me despertaba a las dos, tres de la tarde, almorzaba cualquier cosa y ya quedaba listo para volver a la jornada de estar despierto toda la noche.

Esto lo hacía para no desesperarme, porque los primeros días permanecía sentado en una piedra, o en un palo, todo el día, sin que nadie me hablara, me estaba enloqueciendo. Allá, igual que en la cordillera, también hablaba con los árboles. Siempre encontré refugio en ellos, yo los contaba todos los días, con la esperanza de que hubiera alguna modificación, pero como no encontraba ningún cambio, seguía esperanzado en que el próximo día podría pasar algo, o que creciera uno o que desapareciera el otro. Cuando no tenía nada que leer, nada que escuchar, eso me mantuvo distraído y siempre procuraba contar, contar, contar, mirar. Les sacaba figuras a las formas de los árboles. Era muy curioso, pues veía personajes, veía figuras en las ramas. Al otro día las iba a buscar y no las encontraba, pero era un ejercicio que me mantenía, de alguna manera, intelectualmente vivo y con la inquietud: «Pero, cómo así, si yo en esta rama ayer vi la figura, ¡caramba!, del Che Guevara, parecía como la figura del Che…», y no la encontraba. Pero al cabo de un tiempo, volvía a encontrar la imagen. Era una manera de distraerme, aunque a veces pensé que estaba perdiendo la razón. Fue por eso que invertí el horario. Preferí hacer todo el esfuerzo por dormir de día y apenas dieran las cinco de la tarde, que era cuando entraba la señal con claridad, pegarme al radio. Me metía en mi toldillo y me ponía a escuchar «La luciérnaga», las noticias, el «Reporte Caracol» y así pasaba toda la noche.

En ese entonces, Caracol tenía un servicio para los secuestrados, empezaban a pasar mensajes a partir de las diez, once de la noche. Cada cuarto de hora había un *spits* de mensajes y empecé a escuchar a mi familia, a la una o a las tres o a las cuatro de la mañana. Posteriormente, Caracol organizó todavía mejor el sistema de transmisión de mensajes, entonces planeaba diferente mi día. Pero para mí era la mayor alegría poder escuchar a mi familia, a mis amigos o a cualquier familiar de otro secuestrado, porque los mensajes que van dirigidos a otros, los terminaba asumiendo como propios. Los mensajes son el cordón umbilical, lo que lo mantiene a uno con vida en momentos tan difíciles.

Cuando pensé en quitarme la vida, lo cual cruzó por mi mente muchas veces, escuchaba los mensajes de cariño, de amor, de fe y de esperanza de Ángela y mis hijos, de mi familia y mis amigos y, por supuesto, también me enteraba de la lucha que los familiares venían haciendo por nuestra liberación y me decía: «Bueno, yo no puedo ser tan cobarde frente a esta lucha, frente a ese drama que está viviendo mi familia»... y eso me obligaba a reflexionar sobre la determinación de quitarme la vida.

Desesperación en varios aspectos

Me sentía al borde de la desesperación por muchas razones, pero sobre todo porque había dejado a mi familia en una situación económica bastante complicada. Como no estaba en ese momento en el Congreso, no ganaba nada y, además, tenía cuentas y deudas por pagar. No soy un hombre de dinero, yo vivía de mi sueldo y también la familia vivía del sueldo, así que fueron momentos muy angustiosos. Además, no tenía vivienda propia en Bogotá, pagábamos un arriendo y mi señora tuvo que entregar el apartamento porque no podía continuar pagándolo, mis hijos estaban estudiando en la universidad pero tuvieron que salirse porque no había con qué cancelarla. Afortunadamente algunos amigos y familiares los apoyaron durante casi dos años. Esa angustia que yo sabía que estaba soportando mi familia me llegaba al fondo del alma, y llegué a pensar muchas veces que era más valioso muerto que vivo, porque tenía unos seguros que representaban un dinero significativo con el que podrían superar ese momento, ese trance tan difícil. Mi esposa no trabajaba en ese momento pues había cerrado su anticuario en la zona de Usaquén, en Bogotá, cuando vino esa recesión tan tremenda.

Por eso pensé en suicidarme, por lo menos dos veces muy en serio. Tenía un cortaúñas con una navajita y en «el primer intento» una guerrillera llegó justamente a pedírmelo… ¡Increíble, qué casualidad! Ya había tomado la determinación de matarme, entre otras cosas había dejado de tomar una droga que me habían llevado para la diabetes y me había desjuiciado con la comida, a sabiendas de que podía tener un coma diabético… Pensaba: «Un coma diabético y quedo descerebrado y se acabó el problema». Pero en ese desespero, decidí acelerar la cosa y pensé en el cortaúñas, en la navajita, no estaba tan preparado como la segunda vez, pero coincidencialmente llegó la guerrillera y me pidió prestado el cortaúñas. Por supuesto, esto me hizo reflexionar, y cuando me lo entregó ya estaba más tranquilo, más reposado.

Pero la segunda vez sí había tomado la decisión con más tiempo, es más, había hecho unas cartas que la guerrilla me quitó después, junto con unos cuadernos en los que llevaba apuntes, me quemaron todo. En esas cartas le pedía perdón a mi familia, trataba de explicarles que lo hacía por el inmenso amor y cariño que les tenía, y que creía que valía más para ellos muerto que vivo, pues me angustiaba mucho la situación económica que estaban viviendo. Pero esa noche, cuando traté de cortarme la vena de la muñeca, sentí que «algo» me retuvo, como una mano, y estaba absolutamente despierto. Supongo que mi ángel de la guarda me lo impidió. Yo era poco creyente, lo confieso. Básicamente he sido católico por tradición, pero nada más. Pero esto me hizo concluir que efectivamente hay algo superior a nosotros. Aunque también sigo creyendo en mi religión, la que se sintetiza en esta expresión de Abraham Lincoln: «Me siento bien cuando hago el bien y me siento mal cuando hago algo malo», hoy en día, no tengo solamente esa certeza, sino que creo, sin lugar a dudas, que hay un Ser Superior, que no sólo me dio la fuerza para resistir, sino también la sabiduría para evitar un acto, para mí de cobardía, frente a esa lucha que mi familia venía realizando.

Nos botaban las notas o diarios que lográbamos escribir. Tuve como cuatro cuadernos con apuntes, con notas, con impresiones, con hechos, con sucesos, pero desafortunadamente la guerrilla no me permitió conservarlos. Y que yo sepa a nadie se lo permiten. Una vez me quitaron todos los cuadernos y opté por no volver a escribir, porque el asunto se convierte en una inmensa frustración, entonces trataba de recordar. Por supuesto, no lo recuerdo todo... Ellos no nos facilitaban papel con frecuencia, de vez en cuando le daban a uno un cuaderno y un esfero, como una vez al año, más o menos, y uno hacía sus apuntes, escribía. Por ejemplo, yo utilicé gran parte de un cuaderno en las clases de francés que Ingrid Betancourt nos daba, y en las de inglés que nos daban los norteamericanos, sobre todo de vocabulario, pues yo sé inglés porque estudié en Estados Unidos, pero se me ha olvidado un poco.

Otra complicación grave del cautiverio es la «afectación mental», creo que es imposible no sufrirla, en mayor o menor grado, en unas circunstancias como ésas. Lo que pasa es que uno no se da tanta cuenta pues el cambio es gradual, entonces uno no es consciente de su intensidad. John Frank Pinchao, el valiente policía que se fugó después de nueve años de cautiverio, decía que cuando uno estaba con el mismo grupo de secuestrados no se daba cuenta de los cambios en la expresión de las caras, que no se notaban casi las alteraciones, pero cuenta que una vez se encontró con un grupo que llevaba tiempo sin ver y todos tenían expresiones muy raras, cara de locos. Seguro que a nosotros nos pasaba lo mismo.

También había cambios en el comportamiento. Por ejemplo, como consecuencia de la depresión, que era muy frecuente, algunas personas se encerraban y se ensimismaban y no permitían ni siquiera que les hablaran, no resistían el ruido del radio, ni el sonido de una emisora de música o de noticias, les fastidiaba todo, era muy evidente, pero a los dos o tres días tenían el radio a todo volumen oyendo la música que sólo a ellos les gustaba y que a otros les fastidiaba. Algunos gritaban por la noche, de terror y de miedo, entre ellos Pinchao, nos asustaba con mucha frecuencia porque soñaba que lo estaban persiguiendo y que lo querían matar, era como si estuviese poseído por un espíritu, los gritos eran terroríficos, a la una, dos, cuatro de la mañana y teníamos que moverlo y tocarlo para que se despertara y se calmara. Y no solamente le sucedía a Pinchao, sino a varios. Yo estoy convencido de que todos quedamos, en mayor o menor grado, marcados por el secuestro, aunque me siento sano y sin resentimientos. Ésa es una inmensa ventaja y eso me permite estar tranquilo conmigo mismo. Creo que si me encuentro al tal Enrique «Gafas» en la calle, un guerrillero que nos hizo la vida muy difícil, lo saludaré, no le daré un abrazo pero sí le diré que estoy dispuesto a colaborar en la liberación de los secuestrados. Como fui y se lo dije a Martín Sombra, el carcelero, en la prisión: «Hombre, más bien ayude si quiere que construyamos un camino para la paz de Colombia, ayúdenos a traer a la libertad a los compañeros que quedaron allá...». Y aunque él no lo podía creer, estaba asustado y me miraba como extrañado, le conté la propuesta que les he venido formulando a los gobiernos de Colombia y Francia, le solicité que la socializara con los guerrilleros a efectos de poder cristalizar el anhelo de liberar a los secuestrados.

También fue muy difícil no tener relaciones sexuales durante un secuestro tan largo. Ése es un tema supremamente complicado en el que, creo, juegan un papel fundamental la mente y la madurez. Muchas personas resuelven el asunto con la masturbación. Además, la guerrilla, no con frecuencia pero sí en algunas oportunidades, presentaba películas pornográficas a los militares y a los policías, y nosotros podíamos ir, pero yo no lo hacía por respeto a las mujeres que estaban ahí. Además, ese tema lo tenía bastante controlado, aunque, claro, a veces pensaba en el asunto, pero lo resolvía recordando problemas anteriores al secuestro, por ejemplo, en deudas, cosas de ésas, entonces cualquier deseo que tenía quedaba disuelto con estos pensamientos que yo mismo provocaba, y ésa fue una especie de terapia privada que me sirvió mucho para resolver esa situación.

La convivencia

Tampoco era fácil la convivencia. Esto era de lo más difícil. A veces pienso que fue más fácil estar solo, allá en la cordillera. Las circunstancias siempre son tan arduas que sacan el peor lado de todos. Había muchas envidias, Ingrid era la que más las suscitaba, pues era la mejor en natación, en las prácticas físicas, la que destacaban los medios de comunicación, la que habla varios idiomas, entonces ella, que es una líder nata, en estas circunstancias generaba más resistencia que otra cosa. Pero sí se hablaba de algún tipo de liderazgo entre los militares, con los que yo casi nunca estuve, solamente conviví con ocho militares y policías, pero a muchos los conocí tangencialmente: al coronel Mendieta, a los capitanes, en fin, a estas personas las vi una, dos veces, no más, en todo mi cautiverio. Lo que tengo entendido es que Alan Jara ejercía un alto grado de liderazgo en uno de esos grupos. Creo que él les enseña idiomas, juegos, es un tipo inteligente, con experiencia política y administrativa. Pero digamos que dentro de nuestro grupo de políticos, con los ocho militares y policías, con los tres americanos, no hubo un líder como tal.

Si uno quería hablar de temas militares norteamericanos, entonces hablaba con Keith Stansell, si uno quería hablar de aviación, hablaba con Tom Howes, si uno quería hablar de la Fuerza Aérea de los Estados Unidos, hablaba con Marc Gonçalves…, cada loco con su tema, mejor dicho. Ahora bien, yo evitaba hablar de política, tocaba este tema sólo con Ingrid, para evitar confrontaciones, que podían terminar con palabras ofensivas y problemas de convivencia. Que qué opinaba de la Ley de Justicia y Paz, pues no sabía, no opinaba, para no entrar en controversia ni en peleas.

Creo que el trato de la guerrilla con los policías y militares era más blando que el trato con nosotros los civiles. A nosotros nos trataban peor que a ellos. O por lo menos era la impresión que teníamos. Claro está que ellos tuvieron unas épocas muy difíciles. Los primeros años de cautiverio fueron terribles, devastadores. Hubo, por ejemplo, un campamento que llamaban «de tabla y media», esto quería decir que en el espesor de una tabla y media tenían que pasar parte del día y toda la noche, pegados unos a otros, cuerpo contra cuerpo, ¿se imagina eso?, más de doce horas al día, y tenían que hacer las necesidades ahí delante de todo el mundo, porque los encerraban a partir de las seis de la tarde y si les daban ganas de ir al baño tenían que hacerlo ahí mismo. Imagine trescientas y cuatrocientas personas conviviendo de esta manera; claro, se presentaban casos de homosexualismo con frecuencia, explicable sin duda.

La pareja y la familia

Otra tortura era pensar si la mujer de uno lo estaría esperando o no. A mí me impresionó mucho el caso del coronel Acosta en el año 2001, a él lo liberaron diez días después de mi secuestro. Yo había ayudado a su esposa, entre otras cosas porque el coronel Acosta es paisano mío, del departamento de Nariño, y su familia muy amiga. La señora me pidió ayuda en varias oportunidades, yo era senador en ese momento y la ayudé a que hablara en plenaria, en el tema de sensibilizar sobre el secuestro de su marido, quien estaba en grave estado de salud porque se había caído de un helicóptero. La sorpresa fue cuando liberan al coronel Acosta. Su mujer fue a recibirlo, lo abrazó, lo besó, y le dijo que ahí estaban sus hijos y que tenía que irse, porque ella tenía amores con un capitán o con un teniente y lo abandonó. Ése es un impacto muy grande, que me deja pensando que cualquier cosa puede suceder. Claro, nunca dudé del comportamiento de mi esposa, pero nadie sabe cuándo se enamora. Mire lo que le ocurrió a Mónica, la esposa del hoy canciller, Fernando Araújo, una médica queridísima, bueno, le sucedió, se enamoró y pare de contar. Eso no se puede juzgar, pero uno recibe una noticia de ésas en plena selva, como le ha sucedido a varios de los policías y militares, y queda muy mal emocionalmente.

Pero esto no es todo, también hay que contar con que las personas cambian, cambia el carácter, el modo de ser y los años no pasan en vano, para bien o para mal. Además, si uno sufre consecuencias en su salud mental, a las familias les pasa lo mismo, porque están de cierta manera secuestradas, creo que la mayoría de las personas no pueden seguir funcionando de una manera normal cuando tienen una persona cercana secuestrada. No hay que olvidar tampoco que muchas familias se sienten olvidadas por una sociedad que es indiferente al drama que nosotros estábamos viviendo, y a la lucha que nuestras familias estaban librando. Fueron muchas las puertas que se cerraron y muchas las personas ingratas, de amistades de tiempo atrás. Y no falta en estas circunstancias la gente que trata de extorsionar, amenazar, chantajear, crear falsas expectativas. Entonces, así como ellos han tenido que hacer un inmenso esfuerzo por acoplarse a comportamientos «raros» que pudiéramos presentar nosotros hoy en libertad, nosotros también tenemos que hacer un esfuerzo para comprender ciertas actitudes, ciertas manifestaciones entendibles y comprensibles por el propio drama que ellos han vivido. De manera pues que en esas circunstancias cualquier cosa habría podido suceder.

Por eso yo no puedo mentir sobre lo que pensaba algunas veces: que no iba a encontrar a mi señora, que no iba a encontrar un hogar. Pero conociendo el modo de ser de Ángela, con un matrimonio de veintiocho años de casados antes del secuestro, pues sentía confianza en ella, además me lo manifestaba a través de los mensajes, que eran permanentes. Me tranquilizaban sus declaraciones, su lucha, pero no dejaba de tener alguna que otra preocupación, decir lo contrario es mentir, uno en eso tiene sus dudas y creo que es humano sentirlas.

Algunas reflexiones sobre el carácter

Aunque suene un poco absurdo creo que los casi siete años de secuestro no fueron tiempo perdido, pues siento que gané en humildad, en tolerancia. Esos años me permitieron reflexionar sobre lo que había sido mi vida, los errores que había cometido, también en algunos aciertos. Creo que en mi accionar político habría podido rendir más, actuar más en defensa de un país que necesita de unos voceros comprometidos, sin necesidad de enlistarlos en la derecha o en la izquierda. Hubiera podido aprovechar mejor el tiempo que estuve en el Congreso, y por eso le he pedido excusas a Nariño y a Colombia. En fin, en toda la tragedia de siete años pienso que hay cosas que rescatar desde el punto de vista de superación interior.

Antes del secuestro era un poco arrogante, el hecho de ser senador, de ser gobernador, puede generar cierta prepotencia que yo traté de evitar, pero hoy me siento más humilde. También creo que soy más tolerante, pude haber sido intolerante en ciertos momentos, justamente por ese ejercicio propio de una actividad en la cual en lugar de haber grados de amistad, lo que uno siente en los ambientes políticos es servilismo, y ese servilismo le da a uno una sensación de arribismo, que es un error en la vida, en la práctica política, en la actividad de uno. De manera que hoy en día yo soy más tolerante y valoro cosas que antes no apreciaba tanto, empezando por mi familia.

Para mí la política era más importante que la familia. Yo sacrificaba fines de semana y días enteros en lugar de estar con mi familia, por estar en Nariño. Pocos días antes del secuestro me pasó lo siguiente: mi hijo me pidió dinero para alguna cosa, ir a cine, comer una hamburguesa o salir con la novia, y yo no quise dárselo y, además, me puse bravo con él. Pero unas horas antes había llegado un nariñense a mi oficina a pedirme dinero, pues no tenía para pagar el hotel ni la comida y yo se lo di con gusto. Empecé a entender que yo había trocado en cierta manera a la familia por la política.

Yo fui supremamente descuidado con mi señora, con mis hijos, yo no tenía tiempo para ir a cenar, a un cine, a bailar, para estar con ella el tiempo que se requiere para mantener el afecto. Hoy le agradezco a Ángela que haya puesto nuestro matrimonio por encima de mis descuidos y que pueda sentirme tan feliz con ella.

El secuestro también endurece el carácter, la visión frente a la vida, la visión frente a la muerte, son tantos aspectos que lo vuelven a uno frío y reflexivo. Le toca a uno acostumbrarse a las cadenas, a estar descalzo en los campamentos, a no usar papel higiénico y a mil cosas más. Pero lo que más me afectaba era la humillación, a eso nunca me podré acostumbrar, a que me maltraten, a que me insulten. No voy a permitir que nadie me lo vuelva a hacer.

Tuvimos dos tipos de cadenas. Las primeras me las pusieron cuando me intenté escapar con Ingrid y nos recapturaron, o nos entregamos, porque al final no fue recaptura sino entrega. Ésas eran unas cadenas delgadas, livianas, con unos candados pequeños, que no pesaban tanto. Fueron las cadenas que Pinchao tuvo y que el país conoció cuando salió a la libertad. Pero después de la fuga de Pinchao, el grosor de las cadenas aumentó y por supuesto su peso y también los candados. Eran cadenas que pesaban entre ocho y diez kilos, con ellas nos amarraban a un árbol o a algún compañero, y teníamos que cargarlas individualmente en las marchas. La cadena tenía más o menos entre dos y medio y cuatro metros de largo, más los candados, que eran gruesos y grandes. Además, era increíble, nosotros teníamos que cargarla cuando no nos la ponían al cuello por cualquier circunstancia, o cuando teníamos que llevarla en el equipo. Entonces muchas veces preferíamos, yo por ejemplo, cargarla en el cuello como un perro y no en el equipo pues era mucho el peso sobre la espalda y era más difícil marchar. La cargaba amarrada al cuello y cuando no me estaban «cabestreando», yo me la enrollaba a la cintura, dos o tres vueltas, la cadena en la cintura para que ese movimiento no me fastidiara al marchar, no me pegara, no me molestara el roce y el movimiento de la cadena.

Enterarse desde el cautiverio de la muerte de otros secuestrados da mucha tristeza. Ya sea en una operación de rescate o en otras circunstancias como en el caso del capitán Guevara. Considero que uno de los momentos más difíciles que viví fue cuando nos enteramos de la muerte de los diputados del Valle, porque yo me reflejaba en ellos.

Pensaba: «Uno aquí haciendo todo el esfuerzo por sobrevivir y de pronto todo son falsas expectativas, tratando de mantener una moral en alto, una esperanza, una ilusión, escuchando a las familias luchar permanentemente, ilusionadas con un posible regreso, con una lucecita que veían allá cada semana, cada mes, y de la noche a la mañana, en un segundo lo matan a uno, después de haber superado cuatro, cinco, seis años de secuestro, es una tragedia descomunal».

Tristísima es la muerte de cualquier ciudadano colombiano, pero si a uno lo matan en un intento de secuestro es dolorosísimo para la familia pero uno no sufre esta barbarie. Pero haber vivido un secuestro de cinco años, seis años, ocho años, nueve años como el capitán Guevara, y de pronto por una enfermedad descuidada, por falta de atención uno muere, esto es una infamia gigantesca. Recordaba las expresiones de los diputados del Valle en la última prueba de supervivencia, cuando planteaban incluso la solicitud de un asilo político en Venezuela, en el desespero de tratar de sobrevivir, de vivir, de tener una esperanza, o una segunda oportunidad en su vida, y de la noche a la mañana, por una equivocación o por represalia por la muerte de un comandante del Pacífico, o por lo que sea, a ellos, que se estaban bañando en un caño, los ametrallan en esa forma tan infame, una barbarie impensable. Eso a mí me afectó mucho.

Vivía más en una cultura de muerte que de vida. Yo personalmente estaba más preparado para morir que para vivir. Llega un momento en que la muerte se convierte en «una opción de vida». Por un lado el suicidio, y yo lo intenté dos veces, y por otra la posibilidad de un rescate.

Deseé muchas veces que se produjera un rescate, un operativo militar y morir, había momentos supremamente difíciles en los cuales no veíamos ninguna esperanza. Pensábamos ya en cuatro años más, en seis años más, y en ocho años más, eso es muy difícil. También pensábamos en la muerte como una posibilidad de descanso para nuestras familias, pero paradójicamente las escuchábamos en su lucha, peleando contra el presidente, contra molinos de viento que no permitían avanzar en nuestra liberación, y eso se convirtió en un reto al final para cada uno de nosotros. Me decía a mí mismo: «No puedo ser indiferente, no puedo ser cobarde cuando ellos me piden que aguante». Aguantar implicaba comer la porquería de comida que nos daban, era resistir las marchas, superar las enfermedades, hacer ejercicio y cuidarse al máximo. Ése era mi reto para no ser inferior a la lucha que mi familia estaba dando. Pero en el fondo teníamos más cultura de muerte que de vida, sin duda. Yo estaba seguramente más preparado para morir, que para vivir, sentí temor cuando escuché la noticia de mi liberación, pavor de volverme a enfrentar a una realidad que veía como adversa. Jamás en cautiverio sentí el afecto que me han expresado hoy los colombianos, cuando salgo a la calle, cuando regresé a Nariño, cuando voy a un restaurante, cuando la gente con cariño saluda con el pulgar derecho en alto, cuando dicen: «¡Bienvenido a la libertad, ustedes son ejemplo de resistencia, son los héroes de Colombia!», eso yo nunca lo percibí allá, ni nunca pensé que lo iba a sentir. Nunca imaginé que me extrañarían o que me quisieran tanto. Ángela me contó que muchas veces las familias trataban de mantener un perfil bajo de las personas secuestradas para que no adquirieran tanto valor para la guerrilla. Verbigracia, el caso de Ingrid Betancourt: ella tuvo, y sigue teniendo, un valor enorme para la guerrilla, no porque su familia se haya empeñado en eso, ni mucho menos, sino por la exposición mediática de su nombre. Eso para ella ha conllevado circunstancias difíciles frente a la guerrilla, porque la convirtió en un trofeo, o en la joya de la corona, en la gallina de los huevos de oro y, por supuesto, le creó unas expectativas bastante difíciles sobre su salida. Entonces yo sentí en el cautiverio un abandono, como si no me valoraran como ser humano. Pero ya lo entendí, desde la libertad, pues he tenido la oportunidad de apreciar todas las manifestaciones de solidaridad y afecto. Incluso vi muchos recortes que mi esposa pacientemente guardó y quedé sorprendido de la divulgación y notoriedad que tuvo realmente mi secuestro. En la selva fue complicado enterarse, pues tuvimos una serie de limitantes, y no entendíamos, ni comprendíamos, ni valorábamos en su integridad lo que sucedía, y todo ello se reflejó, obviamente, en mi estado de ánimo y en el susto que sentí de salir a enfrentarme con la realidad.

Por ejemplo, cuando se produjo la liberación de Clara y Consuelo escuchamos un enorme despliegue en los medios de comunicación en Colombia y en el mundo, hasta en la China, si mal no recuerdo, en todas partes del mundo. Pero cuando se supo de nuestra liberación no sentimos lo mismo, y entre los cuatro comentábamos: «¡Carajo!, ¿tan poco valemos?». Pero cuál sería nuestra sorpresa, todo lo contrario, cuando vimos semejante movimiento: en Caracas había periodistas de todo el mundo, por supuesto aquí en Colombia también había mucha expectativa; el país se paralizó. La noche en que se produjo nuestra liberación, todo el mundo la vio. Eso fue realmente emocionante, muy impactante porque veníamos con una sensación muy diferente, con la certeza de que escasamente nuestra familia iba a estar ahí, cuando en realidad el país estaba atento... Fue una sensación indescriptible. ¡No me imagino cómo será cuando liberen al resto de compañeros! Ojalá sea muy pronto porque cada día que pasa, pesa, sin duda pesa el deterioro, las ilusiones, la angustia, el riesgo, que es lo más preocupante, por el estado físico que puede deteriorarse aún más. Todos están mal, todos tienen algún grado de enfermedad y de complicación, unos más que otros. Pero también es el riesgo, hoy en día, frente a los operativos militares, a los intentos de rescate, por el deseo militar de encontrar campamentos. No se van a poner con consideraciones en el momento en que detecten campamentos o detecten movimientos guerrilleros... van bombardeando y así no sale nadie vivo.

El 4 de febrero fue un día muy especial para mí, lo recordaré por el resto de mis días. Primero, porque ese día comenzó mi marcha hacia la libertad; segundo, porque ese día vi por última vez a Ingrid Betancourt cuya amistad me ayudó mucho en cautiverio; también ese día, por primera vez, la sociedad colombiana se manifestó en protesta por los actos de barbarie de las FARC y, en general, por las expresiones de violencia de este país y se solidarizaron con nosotros, que estábamos allá en la selva. Pero pasaron siete años para que eso se produjera y, en el caso de los militares y policías, diez y once años. ¿Sabe por qué se produjo? Por dos razones fundamentales: por la movilización y la conciencia a nivel internacional, y por los medios de comunicación que sensibilizaron al país. Un país que estaba absolutamente adormecido.

Y es que el tema de las cadenas es gravísimo. Ejemplifican muy bien la barbarie del secuestro. Además porque es un tema que se trata de ocultar: cuando querían hacer pruebas de supervivencia nos quitaban las cadenas con las cuales permanecíamos las veinticuatro horas del día. En la última prueba de vida, de octubre del año pasado, nos quitaron las cadenas. Yo quería ir con cadena y les dije: «Sean hombres, fílmenme como me tienen, como un animal, no les dé vergüenza mostrarle al mundo cómo es su comportamiento». Lo mismo dijeron los tres norteamericanos, los tres reaccionaron para que los filmaran con las cadenas y los tipos no lo permitieron, a la fuerza nos las quitaron. Es una manipulación perversa de las pruebas de vida, no me cabe la menor duda. Por esta razón yo siempre las rechacé, siempre, estaba en contra de esas pruebas de supervivencia y les solicitaba a los compañeros de cautiverio que asumiéramos todos la posición de tratar de impedirlas, era una manera de presionar a la guerrilla, porque ¿qué iban a negociar, qué iban a mostrarle al mundo si todos nos negábamos a darles una prueba de vida? Claro que ellos hacían filmaciones casi a diario: se escondían detrás de los árboles para filmar a las mujeres cuando estaban haciendo sus necesidades y utilizar esas filmaciones como películas pornográficas, y nos filmaban a nosotros realizando cualquier actividad, jugando voleibol, o parqués, o damas chinas, o cualquier cosa, y nos filmaban como para hacer un documental que demostrara que el trato no era inhumano y que estábamos en unas condiciones excelentes. Es una actitud perversa, filmarlo a uno en las condiciones en que se está en cautiverio para poner a nuestras familias a llorar y para que salieran todos nuestros familiares y la opinión pública a presionar al Gobierno nacional en la búsqueda de una solución cuando los que nos tenían en el secuestro y en la barbarie eran los señores guerrilleros. Mire cómo voltean la tortilla.

La situación de las familias

Toda mi familia tuvo que compartir no solamente el dolor, sino muchas dificultades que se produjeron a raíz de mi secuestro. En el caso concreto de mi esposa y de mis hijos, pasaron una crisis económica dramática. Yo no dejé ahorros, ni tuve la previsión de planear su futuro económico. Por supuesto, mi secuestro generó un traumatismo terrible en mi familia desde el punto de vista económico. No fueron muchas las personas que les dieron la mano durante esos primeros días y primeros meses. Mi esposa tuvo que apelar a demandas judiciales ante el Consejo de Estado, ante diferentes instancias, para recuperar el cupo al que tenía derecho en el Senado de la República. Ella recuperó el escaño y eso permitió que le dieran mi sueldo, lo que era una gran tranquilidad. Pero el período de senador se venció en el 2002. En el momento del secuestro yo tenía una licencia pero me reintegraba a partir del 20 de julio del 2001. El Senado me eligió como presidente de la Comisión de Relaciones Exteriores en homenaje, estando yo ya secuestrado, y actuó durante todo el año en mi reemplazo el vicepresidente, que era Jimmy Chamorro.

Para rematar, en ese momento mi hija Carolina estudiaba en Canadá y tuvo que regresar al país porque era imposible mantener esos costos. Mi hijo también tuvo que retirarse de la Universidad del Rosario, donde estudiaba Ciencias Políticas. Entonces las condiciones fueron muy difíciles. Tuvieron que recurrir a mi concuñado, Luis Carlos Morales, que tenía un restaurante. Él les mandaba la comida para poder sobreaguar en esos meses difíciles. Tuvieron que entregar el apartamento en donde vivíamos porque el arriendo era costoso y se mudaron a otro más barato. Tuvieron que vivir del préstamo y la ayuda que algunas amistades le brindaron a mi esposa.

En una de las cartas que envié al principio del secuestro, le dije a mi señora que pensara en la posibilidad de presentar mi nombre para el Senado de la República. Lo hice pensando en que el salario representaba la supervivencia de mi familia. Hoy sé que fue un inmenso error, porque mi familia siguió al pie de la letra ese pedido. Mi esposa empezó un proceso de campaña política que no condujo a nada diferente que a un moderado número de votos, veinte mil, que no alcanzó para la curul, pero que fue muy significativo por el cariño, la solidaridad y la comprensión de personas como Guillermo «La Chiva» Cortés, que hizo el segundo renglón a sabiendas de que yo estaba secuestrado, pero no condujo a la elección y sí incrementó los gastos de unos recursos que no había. Entonces esto sólo les produjo un mayor endeudamiento y complicó aún más las circunstancias, pero lo más grave era saber que a partir del 19 de julio del 2002 se quedaban sin sueldo. Ángela entonces inició una lucha por que me reconocieran un sueldo, pues había sido secuestrado ejerciendo las funciones propias de senador, pero fue una lucha de cerca de dos años, esgrimiendo todo tipo de argumentos jurídicos, inicialmente en el Tribunal de Pasto, posteriormente en Bogotá y concluyó en la Corte Constitucional, la cual reconoció el derecho a un salario hasta tanto estuviéramos en libertad, o hasta un año después de recobrar la libertad a las personas que no tenían acceso a una jubilación, o hasta un año después de la declaratoria de muerte. Eso le dio tranquilidad a mi familia, y como la decisión fue retroactiva, pudo adquirir vivienda. Y por supuesto, tener un poco más de tranquilidad.

Pero los dos años en que mi familia no recibió el sueldo de congresista, fueron un absoluto infierno, y hoy me sorprende ver cómo lograron superarlo.

Esta desatención del Estado para con las familias de los secuestrados es impresionante. El Estado debería tener un fondo dispuesto para asistir económicamente a las familias de todos los secuestrados, porque las familias de los policías y los militares reciben el 75% del sueldo, por lo menos, pero ¿y los civiles? Mi esposa Ángela con mis hijos, quienes tuvieron que retirarse de la universidad, lucharon y lograron mediante una acción de tutela el reconocimiento de mis sueldos y beneficios como congresista. Pero, ¿se sabe por ejemplo qué ocurre con Alan Jara o con Ingrid Betancourt?

Alan Jara fue gobernador del Meta y cuando venció su período lo secuestraron, lo bajaron de un carro de las Naciones Unidas. Pero Alan Jara en ese momento era un ciudadano común y corriente, y ¿cree que Alan Jara recibe algún tipo de ayuda? Claudia Rugeles, su esposa, y su hijo Alan Felipe ¿tienen algún tipo de ayuda? Nada, nada, absolutamente nada.

Ingrid Betancourt fue representante a la Cámara, senadora con la mayor votación en el país, renunció para aspirar a la Presidencia, fue candidata de su partido Verde Oxígeno, y en esas condiciones la secuestraron. ¿Ingrid Betancourt o su familia reciben la más mínima ayuda? Incluso el Fondo Nacional del Ahorro le iba a rematar el apartamento por el no pago de unas cuotas de doscientos o trescientos mil pesos mensuales. Ni su madre ni sus hijos reciben ninguna ayuda. Gracias al ex esposo, quien asume en su totalidad los gastos y la responsabilidad de los hijos, ellos han podido vivir en buenas condiciones y continuar sus estudios. ¿Cree que mi familia recibió alguna ayuda del Estado? Al menos un seguro médico, que hubiera sido lo mínimo. ¿Lo he recibido ahora? Eso sí que es triste. Ése es un vacío que ojalá algún día se legisle. Mejor dicho, ni pensemos en eso porque lo que tenemos que hacer es tratar de que nunca más un colombiano tenga que sufrir este drama.

Es una vergüenza que estas familias, incluida la mía, no hayan tenido ningún tipo de asistencia por parte del Estado. La situación de Yolanda Pulecio es increíble. Una figura como Gabriel Betancur Mejía, uno de los hombres más importantes del siglo XX en Colombia, el padre del crédito educativo, fundador del Icetex, de Coldeportes, de Colciencias, instituciones que le han traído tantos beneficios a tantas generaciones de colombianos, subdirector general de la Unesco, imagínese que no alcanzó a ser el director por la envidia de los dirigentes políticos de este país, que en su momento no lo respaldaron. A un colombiano como él le reconocen una pensión modesta, y es con eso con lo que debe vivir su viuda, Yolanda Pulecio.

Además, no ha podido acceder a una pensión de jubilación, por unos requisitos mínimos de dos o tres meses, requisitos que sí le han avalado a muchos personajes de este país. Ella viaja, por supuesto, y llama la atención, y muchos pensarán que tiene dinero a chorros, pero ella viaja invitada por las organizaciones o por las entidades que desean conocer de primera mano el drama de ella como madre y la tragedia de su hija secuestrada. Entonces uno puede tener una falsa percepción de una persona que, por supuesto, uno escucha desde Europa, desde cualquier país de América, pero todo obedece a las invitaciones que le hacen.

Y éste es otro de los dramas del secuestro: las familias están en «libertad», pero igualmente quedan secuestradas en la selva de cemento. No saben nada de nosotros. Los secuestrados tenemos información de nuestras familias a través de la radio, de programas como «Las voces del secuestro» o «La carrilera de las cinco». Nosotros sabíamos qué pasaba, quién moría, cómo estaban, qué estaban haciendo nuestros hijos, etc. En fin, sabíamos cuál era la situación y estábamos enterados, pero las familias no tenían ninguna información, duraron cuatro, cinco años sin tener ninguna noticia. Se imagina el drama, pensando todos los días ¿estarán vivos, estarán muertos?

Y fuera de eso, soportando todo tipo de circunstancias adversas. A mi casa llamaron a extorsionarlos, a chantajearlos, a pedirles plata, a engañarlos. Cosas como: «Hemos visto a Luis Eladio, sabemos dónde está, dennos dos millones, cinco millones». Y en más de un par de ocasiones cayeron en estas trampas, en medio de la angustia, consiguieron el dinero con todos los esfuerzos del caso, ilusionándose con que hubiera podido ser verdad. Además, escucharon noticias de que estábamos muertos, yo mismo oí varias veces la noticia de que había aparecido mi cadáver. Por ejemplo, en una oportunidad me encontraron en el basurero de la ciudad de Ipiales, yo estaba en esos momentos muy cerca de la frontera con Venezuela escuchando por radio semejante noticia. Me dio risa entonces, pero a la vez sentí angustia de pensar cómo estaría mi familia en ese momento, llorando un cadáver que no era el mío. Varias fueron las noticias en las que estuve muerto, herido, muy enfermo o próximo a la liberación. A mi familia le sacaron cualquier cantidad de plata para supuestas liberaciones que nunca se dieron y que eran un absoluto engaño.

A todo ese drama se le suma la falta de comprensión de la sociedad, que muchos personajes de la vida política nos cerraron las puertas, la traición de algunos amigos, no solamente desde el punto de vista político sino personal, que no le pasaban a Ángela al teléfono porque presumían que llamaba a pedirles un préstamo. Hoy en día tratan de hablar conmigo, tratan de saludarme, tratan de abrazarme. Pero estoy cansado de algunos de esos saluditos en la espalda, porque hubo quienes no comprendieron la situación y la amistad que teníamos.

Y es que ése es el drama de las familias: soportar frente a semejante angustia toda la tragedia de ese abandono, de la indolencia del Estado que nunca fue comprensivo con ellas. El Congreso de la República nunca asumió su responsabilidad frente a sus miembros; por el contrario, pelearon en contra de las solicitudes que mi señora hizo, por ejemplo, en materia salarial. El mismo Congreso contrató abogados para no pagar a sus congresistas que fueron secuestrados. ¿No es vergonzoso? ¿Cómo voy yo a recibir una medalla o una condecoración de un Congreso que tuvo ese comportamiento? ¿Cómo pongo yo mi pecho frente a una actitud de ésas? Y ahí están las proposiciones aprobadas y están esperando a que escoja el día para hacer el acto conmemorativo y recibir una medalla, que además no merezco porque no soy un héroe, soy un mártir. Muchos son los héroes en este país que merecen esa medalla y que no obtienen ese reconocimiento. Yo no soy merecedor de una medalla porque lo único que hice fue sobrevivir para poder compartir mis últimos días con mi familia y, si Dios me lo permite, tratar de aportar en la construcción de una nueva Colombia, la que todos deseamos. Yo no tengo ni soy merecedor de ningún reconocimiento y menos de recibirlo de una institución que creo que no tiene la autoridad moral para hacerlo.

Y claro, ni hablar del drama que vivieron cuando buscaron nuestra liberación, la mía y por supuesto colaborar en la de todos los demás secuestrados. Entonces empezó el rechazo de la gente, puertas que se cerraban con fuerza, amigos que dejaban de serlo, las mentiras, los engaños, las desilusiones, y eso va generando todas unas circunstancias y un drama terrible, que casi podría decir que las familias sufren más que los secuestrados. A pesar de todo esto me sorprendió muy gratamente ver la madurez de mi familia. La claridad con que enfrentaron las circunstancias. El estudio que realizaron sobre las propuestas, sobre los análisis, sobre las posibilidades que se tenían para avanzar en el tema de la liberación y, por supuesto, su cordura para asumir posiciones verticales en los momentos cruciales en defensa de la vida y de la libertad de todos. Yo traté, hasta donde me fue posible, de hacer un seguimiento a este proceso a través de los medios de comunicación, de la radio fundamentalmente, porque no tuve acceso ni a prensa ni a televisión. Y eso me estimulaba mucho, me llenaba de ilusión, me enorgullecía escuchar las expresiones de mi esposa, de mis hijos, lo bien que se expresaban, la coherencia que tenían, eso me ilusionó y me generó muchísimas expectativas positivas, no solamente en los resultados de las gestiones, sino en el hecho de reencontrarnos con madurez, con esperanzas para un futuro mejor.

Los mensajes a través de los programas radiales como «Ventana de la esperanza» y «Las voces del secuestro» fueron el contacto que nos mantenía con esperanzas y con vida. En varias oportunidades sentí mucha angustia, ansiedad, ganas de morir, depresión total. Y justo en esos momentos llegaba el mensaje oportuno, el mensaje que me daba alientos para continuar en la lucha. En momentos desesperados escuché mensajes de Ángela que me producían alegría y esperanza, como el matrimonio de mi hijo. No conocía a la futura esposa, pero me decían su nombre, me hablaban de ella, de Laura Catalina Correa, y bueno, hasta empecé a recibir mensajes muy cariñosos de parte de ella sobre el amor que sentía por mi hijo, sobre la boda, sobre los preparativos. Con el paso del tiempo me llegó la noticia de que iba a ser abuelo. Todo eso me generó una serie de ilusiones, y los mensajes, aparte de darme aliento, me mantuvieron siempre a la expectativa. Ángela me enviaba a veces mensajes medio raros, medio esotéricos, que me costaba trabajo entender, pero me generaban expectativa. Y eso fue importantísimo. Eso se lo agradezco en el alma, ella empezó a narrarme todas las perspectivas sobre ser abuelos, los nombres que habían pensado en caso de que fuera niño o niña. En fin, todas esas cosas me ilusionaban y me mantuvieron semana a semana. ¿Qué ocurrirá esta semana? Le van a hacer una ecografía a mi nuera y vamos a saber si es hombre o mujer. Todo eso va generando una nueva ilusión que de esa manera compartía con ellos.

Secuestro extorsivo: un gran negocio

Nunca vi secuestrados por motivos extorsivos, pero Gloria Polanco de Lozada, que en un principio fue secuestrada con esos fines, contaba que cuando la secuestraron estuvo con sus dos hijos y con algunos de los habitantes del edificio Miraflores, de la ciudad de Neiva, en unas condiciones muchísimo mejores que las que le tocó vivir como parte de los canjeables: la comida que les daban, las frutas, las verduras, la movilidad, veían televisión. Tenían unas condiciones mejores de las que encontró haciendo parte de la lista de los canjeables. Esto, seguramente, no es en todos los casos.

Pero aquí hay algo curioso, la guerrilla no menciona los secuestros extorsivos. Ellos, en primer lugar, no reconocen nunca que tienen este tipo de retenidos. Por eso es tan difícil cuantificar el número de secuestrados que tiene la guerrilla de las FARC. Ni las fundaciones y organizaciones no gubernamentales se han puesto de acuerdo; manejan cifras diferentes y el Gobierno maneja otras. Se habla de que la guerrilla de las FARC puede tener entre 700 y 800 secuestrados. Otros hablan de 1.500, 2.000. Hay gente que cree que son entre 3.000 y 4.000 secuestrados con carácter extorsivo; claro, no solamente de la guerrilla de las FARC, sino también de los paramilitares, del ELN y de la delincuencia común. Pero es un tema muy complejo por varias razones: primero, porque la familia no denuncia. No denuncia por seguridad, por miedo al chantaje, por la amenaza de que si denuncian matan a la víctima. En segundo lugar, porque si ellos exponen su nombre a la opinión pública o a los medios de comunicación, le suben el precio al secuestrado. ¡Ponerle precio a las personas!, cosa increíble... entonces, es muy difícil. La guerrilla no reconoce y las familias muchas veces no denuncian y manejan un bajo perfil a efectos de facilitar las negociaciones.

Es que el secuestro se ha convertido en un negocio magnífico. Existen empresas dedicadas a conducir las negociaciones. Inclusive personajes que ocuparon altísimos cargos en los organismos de seguridad del Estado colombiano, hoy son grandes empresarios de esta tragedia, sirven de intermediarios, que se disfrazan de humanitarios y de gente de buena fe, pero que en el fondo tienen el interés de ganar grandes comisiones. Es una tragedia que se haya hecho de la desgracia ajena una empresa tan lucrativa.

La selva

El olor a selva es un olor bastante particular, un olor húmedo, a tierra, sí, es como de humedad, un olor que se impregna en la ropa, en la piel, que se expele en el sudor. Me impresionó mucho al principio, cuando un guerrillero se acercó y sentí por primera vez ese olor, por supuesto que con el tiempo yo también lo adquirí, claro. Y entre nosotros, entre los compañeros, no sentíamos repulsión por el olor porque convivíamos todos con él, pero cuando salimos a la libertad ésa fue la primera sensación que tuvieron los demás, sobre todo nuestros familiares. Incluso mi señora me lo comentó la primera noche que llegamos a Caracas, ese olorcito que no supo describirme, ¡ese olor a selva!

Y los días, yo tenía conciencia de qué día era, pero no tenía la ilusión. Creo que uno pierde la ilusión de los días. Antes, yo trabajaba duro toda la semana y tenía la ilusión de que llegara el viernes para verme con los amigos, traguito, ¡viernes cultural! Era agradable, además, porque sabía que el sábado descansaba. En cambio el domingo en la noche es lo más aburrido porque al otro día se inician las labores de la semana siguiente con todos los problemas que ello conlleva. En la selva no, allá todos los días son exactamente iguales. No había expectativas sobre los días que venían. Ni siquiera la Navidad y el Año Nuevo. Yo odiaba que llegaran esas fechas. El 24 o el 31 de diciembre yo hacía un esfuerzo para quedarme dormido a las seis, siete de la noche, para no saber nada y despertarme al día siguiente sabiendo que ya había pasado y punto. Es muy diferente a como se viven los días acá, en la «realidad»: uno aquí vive expectante de los cumpleaños de la familia, de los hijos, de la esposa, de la mamá, del día de los novios, del partido de fútbol; allá uno pierde todo eso. Pero sí mantenía la conciencia de la fecha, entre otras cosas porque vivía permanentemente oyendo radio. Era como el hilo que me mantenía conectado con la realidad, con nuestras familias, con la sociedad, con lo que estaba sucediendo en Colombia y en el mundo. Y me alertaba sobre las fechas y los días.

Y terminé acostumbrándome a esa rutina tan espantosa. Al principio me golpeó, pero terminé acostumbrándome. Era indiferente que fuera domingo. La única expectativa era los sábados en la noche. Los sábados para nosotros fueron el día clave por el programa «Las voces del secuestro». Todo giró alrededor de ese programa. No para todos, porque a muchos no les enviaban mensajes. Me refiero a los militares y a los policías, a los políticos sí. Algunos militares, algunos policías y los tres estadounidenses, por ejemplo, recibían muy pocos mensajes. Yo no sé qué habrá pasado con las familias de algunos muchachos porque nunca han recibido un solo mensaje. Entonces para ellos es una amargura adicional porque se sienten abandonados y perdidos. Cuando mi familia por alguna razón no enviaba mensajes yo me atribuía los que escuchaba. Por ejemplo cuando oía, «Mijo, la bendición», yo me echaba la bendición, como si fuera para mí.

Y por otro lado, algunos recibieron malas noticias: las mujeres los habían abandonado y se enteraron estando en esas condiciones, por ejemplo. Eso es entendible, uno no puede juzgar a estas personas. Entonces, fue a través de la radio que tuvimos información de todo tipo. Por supuesto con limitantes en el caso de las cadenas radiales colombianas, porque a partir de las siete o siete y media de la mañana se dificultaba la señal de las emisoras de AM (nunca pudimos escuchar la frecuencia FM porque no entraba). Incluso para tener una mejor receptividad nos inventamos unas antenas con alambre de esponjas Bon Bril, pero a las ocho de la mañana ya empezaba a decaer la señal, que volvíamos a rescatar a partir de las cinco de la tarde, y así toda la noche.

De manera que eso me permitió estar bastante informado sobre la situación de Colombia y del mundo en general. A las ocho de la mañana empezábamos a hacer un barrido con Radio Francia Internacional, con Radio Exterior de España, con la BBC de Londres, con la Voz de América y en algunas oportunidades Radio Habana o Radio Martí. Estas dos emisoras emitían temas interesantes pero su discurrir realmente era muy fastidioso, muy monótono. Así que no las escuchaba con tanta frecuencia como las otras.

Esto permitía que hiciéramos un análisis de la noticia diaria o de las que nos impactaban. Pero hubo una cosa curiosa que nos pasó, a casi todos, me refiero a las personas con las que hicimos esos análisis: con Ingrid Betancourt, con Pinchao y con los norteamericanos, más que todo. Escuchábamos todas las noticias pero sólo nos acordábamos de la información que tenía que ver con temas como el acuerdo humanitario; se nos olvidaban las demás, como los datos que emitió el Dane del costo de vida, etc. Pero nadie olvidaba temas relacionados con la suerte de los secuestrados, eso sí se nos quedaba absolutamente grabado. Eso fue algo muy curioso. Entonces, por la noche, hacíamos el ejercicio de tratar de recordar y escribir, así fuera en la oscuridad, apuntábamos lo que recordábamos y al otro día teníamos al menos esa referencia que nos permitía recordar de qué se trataba. Tuvimos esa especie de bloqueo. Tratábamos de recordar otro tipo de noticias que habíamos oído pero que en realidad parecía que nadie retenía. Pero en relación con el tema nuestro había absoluta claridad, recordábamos todas las noticias, con palabras exactas.

Perspectiva desde la selva

Desde allá sentíamos el país mejor de lo que estaba cuando nos secuestraron. Sin duda yo lo vi mejor. Es decir, vi ese reconocimiento a la labor que ha venido realizando el presidente Álvaro Uribe en algunos aspectos como en la confianza, su capacidad de trabajo, que es envidiable. Aunque al principio observé con mucha sorpresa ese ritmo que impuso a todos los funcionarios del Gobierno, y las visitas permanentes a la provincia colombiana. Lo que, por supuesto, le da a él un conocimiento muy documentado de la realidad nacional, de sus problemas, y de las posibles soluciones. Cada consejo comunitario, los cuales oía con alguna frecuencia, sobre todo los que tuvieran un interés particular en mí, por ejemplo el del departamento de Nariño, los escuché a través de la Radiodifusora Nacional, y me llamó poderosamente la atención su capacidad para avanzar en la búsqueda de soluciones, así fuera para minucias que le expresaba la gente. Pero es esa búsqueda de soluciones la que le da un conocimiento claro del país: cuál es el estado de las finanzas de cada una de las entidades del Estado, cuáles son los programas que vienen realizando, hasta dónde puede avanzar en los compromisos para no generar falsas expectativas, ni ilusiones. Claro, porque al principio me llamó mucho la atención que él empezaba a llenarse de compromisos en cada una de las regiones, compromisos que eran difíciles de cumplir y entonces veía yo que se le iba a convertir en una especie de búmeran y que podría al final salir muy perjudicado. Pero me sorprende que no se ha perjudicado; por el contrario, ha reforzado su imagen en la provincia, que de alguna manera tiene que traducirse en algún tipo de acciones por parte del Gobierno nacional.

Ésa fue una apreciación general, muy favorable, que fuimos teniendo del país. Por supuesto criticábamos mucho, sobre todo los inmensos recursos que se destinaban para la guerra. Siempre consideré que tenía que haber un equilibrio entre la inversión social, en temas fundamentales como educación y salud, y lo que se invierte en los gastos de la defensa nacional, prioridad del presidente Uribe, por su Política de Seguridad Democrática, resultados que me parecían muy discutibles. Pero lo que sí tenía que reconocer, sin duda, es que había, y hay, un clima diferente, una percepción diferente sobre el Estado, sobre el Gobierno, independientemente de los sucesos recientes de la «parapolítica» y los cuadros de corrupción que se pueden haber generado en el Congreso y que afectan sin duda la gobernabilidad del presidente y su propia imagen. Pero uno sí siente que hay un nuevo clima, hay una confianza en el país, hay una inversión que se está expresando en el desarrollo, inversión nacional, inversión extranjera... Hay otras cosas criticables, como el descuido a la inversión social en zonas y sectores (que debe hacerse muy rápidamente), pues esto ha generado problemas estructurales y por ende de violencia. En fin, veía que había unas cosas positivas, sin duda, y otras cosas no tanto.

De la cordillera al Caguán

A mediados del 2003 tuve la oportunidad de conocer unos lugares impresionantes. Después de varios intentos que hicieron de pasarme hacia la zona del Caquetá para integrarme con los demás compañeros secuestrados, por un camino de herradura en una zona entre Nariño y Putumayo, por la línea del oleoducto, un día cualquiera me hicieron empacar equipos y el comandante me informó que la orden era llevarme hasta el Caquetá, para entregarme a mandos superiores, y muy seguramente unirme con los demás grupos de secuestrados. Me advirtió que iba a ser una marcha difícil y hasta me solicitó colaboración para que no se fueran a presentar dificultades en el recorrido.

Duramos dos días atravesando la cordillera, llegamos y descendimos al río San Miguel. Cuando estábamos descendiendo por la cordillera, pasamos muy cerca a un lugar que se llama Teteyé, en Putumayo, que es una población muy pequeña. De pronto, vi una capa de gas inundando todo el espectro y un ruido de unas máquinas trabajando, produciendo, un típico campo petrolero. Era un pozo que no estaba escondido, un pozo petrolero de la guerrilla, no sé exactamente su ubicación, pero está produciendo petróleo con una maquinaria rudimentaria, pero que sale en unas condiciones de octanaje que casi no necesita un proceso de refinación, y lo pasan directamente a los camiones y lo venden como si fuera gasolina. Pero lo que más me impresionó fue el daño ambiental, ecológico, porque hay derrames permanentes de petróleo en todas esas cuencas, en esos pequeños caños, y que por supuesto crecen y van a parar a los ríos, no sé con seguridad cuáles ríos, pero seguramente el río San Miguel, línea de frontera con el Ecuador, o el río Putumayo o el río Orito, en fin, los ríos de esa zona. Incluso les hice una sugerencia cuando vi eso, porque dormimos una noche ahí. Como soy ingeniero de petróleos, claro, frustrado, les sugerí que se compraran unos *manifold*, así se llaman en la industria unos separadores que se ponen en la cabeza del pozo y que envían el gas hacia un lado, el agua hacia otro y el petróleo hacia otro, para evitar esa contaminación. Por eso uno ve en los campos de producción petrolera que de una de esas tuberías sale gas, se quema y produce la llama permanente, porque hay una diferenciación de presión entre el gas, dentro de la superficie a quince o dieciocho mil pies, y la presión atmosférica en el ambiente. Esa diferencia de presión en el ambiente produce la quema de ese gas cuando no se utiliza. Cuando no es económicamente rentable, se quema. Pero allá no se quema, se sale de la cabeza del pozo. Entre otras cosas es un peligro terrible porque puede causar una explosión en cualquier momento.

Después de esa noche continuamos caminando hasta que llegamos finalmente al río San Miguel, donde encontré un paraíso. Ahí permanecimos unos días, en territorio ecuatoriano, y luego me pasaron por debajo del Puente San Miguel, que une a Ecuador con Colombia, y la guerrilla mandó a unas muchachas bien chuscotas. Yo no sé si eran guerrilleras o prostitutas conseguidas ahí o pagadas para que entretuvieran al puesto de policía colombiano. Me hicieron pasar como médico, terminé hasta recetando Viagra a un paciente que lo que tenía era un simple dolor de caderas, ¡imagínese! En ese mismo sitio, después, casi termino volando como Ricaurte en San Mateo, porque me acosté encima de unos bultos a fumar sin saber que contenían explosivos, sólo lo supe minutos después cuando un campesino que iba pasando por ahí me recomendó avisarles a los guerrilleros tener cuidado al fumar ¡para evitar alguna explosión con la dinamita que nos rodeaba!

Entonces, me pasaron por debajo del puente e iniciamos nuevamente el ascenso a territorio colombiano por la parte oriental del Putumayo, hacia el Caquetá. Íbamos en unas lanchas que tenían un motor de 200 caballos fuera de borda, eran rapidísimas y con todas las comodidades: asientos como de carro, equipos de sonido y chalecos salvavidas.

Entre otras cosas pasamos por la base de Tres Esquinas, como a las cinco y media de la mañana. Lo único que alcanzaba a divisar era unos reflectores inmensos. Yo me asusté un poco, incluso pregunté al comandante guerrillero de qué se trataba. Yo noté que había como temor en ese momento. Recuerdo que dormimos en algún sitio y como a la una o dos de la mañana empacamos en plena oscuridad y me subieron a la lancha y arrancamos. En el ambiente había nerviosismo, al principio no puse mayor atención, pero cuando vi esos reflectores allá al fondo me preocupé. Me dijeron «no, no, tranquilo, no pasa nada. Es la base de Tres Esquinas». Ya estaba aclarando porque eran como las cinco y media de la mañana, y yo estaba pasando por el frente de la base de Tres Esquinas, ¡eso fue increíble! Hay que reconocer que el río es muy ancho, pero yo veía las garitas de la base. Bueno, y uno supone que debería haber control, por lo menos retenes para vigilar el movimiento fluvial de la zona. Pero pasamos como Pedro por su casa. Creo que iban conmigo alrededor de unos quince guerrilleros armados hasta los dientes y dispuestos a lo que fuera.

La zona de distensión

Después llegamos a lo que antes era la zona de distensión. Yo suponía que esa zona había sido recuperada por el Ejército colombiano, pero para mi sorpresa navegamos en el río Caguán, que también es un río anchísimo, la autopista de la guerrilla, durante el día. Porque la gran mayoría de las veces lo habíamos hecho de noche. Recuerdo que hacía un calor agradable en la lancha, y no había ningún puesto de control. Entonces me bajaron en un sitio entre Remolinos y San Vicente, me subieron a un carro durante dos horas, por una carretera hecha por la guerrilla (construida por los castigados de todos los frentes que van a parar allá, a cortar madera, a cortar tablones, porque es sobre tablones que van los carros). A las dos horas paramos a dormir. Yo miré y habían pasado exactamente dos horas desde que dejamos el río Caguán. Lo sabía porque esas camionetas Toyota tienen un relojito al frente y yo venía haciéndole el seguimiento al reloj. Y pasamos por unas fincas hermosas. Se veían unos pastizales inmensos y llenos de ganado. Ganado que podría ser de la guerrilla o por lo menos controlado por ella. Entonces habíamos llegado a dormir a El Billar, donde había ocurrido un fuerte enfrentamiento entre la guerrilla y el Ejército. Los guerrilleros estaban muy nerviosos, con agüeros sobre dormir entre cadáveres, pues supuestamente asustaban de noche, y ahí, en medio de fantasmas, pasamos la noche.

Al otro día anduvimos una hora en carro y paramos en un campamento provisional, en el que estuve alrededor de dos meses. Ahí me enfermé del riñón y al lado de ese campamento quedaba un hospital de la guerrilla. Una casa de esas antiguas, con sala de cirugía, con laboratorios. Después supe que a unos escasos quince minutos estaba otro campamento provisional en el cual se encontraban Ingrid Betancourt y Clara Rojas. Y aunque era un campamento provisional, a ellas les habían construido una especie de casitas, una para cada una, por las circunstancias de roce entre ellas. De manera que dejó de ser tan provisional para ser un poquito más permanente, sobre todo por las construcciones.

Todo eso era la antigua zona de distensión. Y ahí estábamos a nuestras anchas, o a las anchas de los guerrilleros. Ellos andaban en carros, en camionetas Toyota, y en unas cuatrimotos que llamaban «motorratones». ¿Cómo es posible que la aviación no se diera cuenta de esos movimientos? ¿Cómo es posible que no detectara tanto personal, tanta guerrilla? Recorrí esas dos horas en el carro, por esa carretera, y a lado y lado había guerrilla, y se pitaban y se saludaban con los guerrilleros que iban conmigo, a lado y lado cantidades de guerrilla, ¿y el Ejército no sabía? ¿No conoce la zona? ¿Por qué dicen mentiras al país sobre haber recuperado los 42.000 kilómetros cuadrados de la antigua zona de distensión?

No sé si fue la única carretera que vi en la selva. Pero fue la misma carretera por la que me llevaron posteriormente con Ingrid Betancourt y con Clara Rojas, durante una hora, hasta llegar al río y tomar una lancha. Supongo que debe haber muchas más carreteras, carreteras curiosas porque eran construidas por los castigados de la guerrilla. Incluso había comandantes del frente, gente muy importante que estaba castigada y hacía trabajos forzados y pagaba penas por un determinado tiempo. No sólo las construían sino que las arreglaban, les hacían el mantenimiento correspondiente, y los choferes desarrollan una habilidad pasmosa porque tienen que manejar sobre el filo de las tablas.

También los puentes los construyen con gran habilidad, obras de «ingeniería ingeniosa» porque, por ejemplo, rellenan canecas de aluminio de 55 galones, las grandes, les echan cemento y las usan como bases, y van construyendo sobre ellas, van poniendo canecas y canecas hasta nivelar con la carretera y después sacan las dos tablas. ¿Se imagina qué fue pasar en carro por esas dos tablas, por esos puentes? ¡Es increíble! Supongo que también por eso utilizaban mucho «motorratón» para conductos rápidos, para movilizaciones rápidas.

El miedo

Había dos cosas que me producían realmente pánico: la soledad y la oscuridad, alrededor de las cinco y media, seis de la tarde, cuando empezaba a oscurecer. Para mí eso era muy difícil. Sentía miedo a la oscuridad porque, como me habían quebrado las gafas, se me dificultaba mucho ver, sobre todo en el período en que no tuve lupa, hasta que Orlando Beltrán me regaló una para poder leer. Pero aparte de que no veía, me habían quitado la linterna. Entonces yo quedaba a partir de las seis de la tarde absolutamente inútil. Las horas eran eternas. No veía nada, nada. De día no veíamos ni el sol, y menos la luna por la noche. Por eso recuerdo la sensación tan intensa que experimenté cuando intenté fugarme, con Ingrid Betancourt, y en el río vi esa luna llena en pleno, y era como una luz que nos iluminaba, parecía como si fuéramos en una gran autopista, la autopista de la libertad...

Esa oscuridad total me producía miedo a todo. A las culebras, a los ruidos, sobre todo a los que no podía identificar, a los zancudos, que me fastidiaban mucho pues un zancudo, dos zancudos, hacen la vida imposible dentro de un toldillo. Los guerrilleros no prestaban la linterna para pescar zancudos, como tampoco lo hacían si uno tenía que hacer sus necesidades. Eran unas circunstancias muy difíciles. Además, uno tenía la obligación de avisarles cualquier movimiento porque de lo contrario disparaban, porque podía tratarse de un intento de fuga.

El ruido era infernal sobre todo al comienzo de la noche. Por eso pensábamos que la mejor hora para escaparnos era entre las seis y las ocho de la noche. El sonido de las cigarras, de las luciérnagas, de las chicharras, de los sapos, todo al mismo tiempo, produce un ruido endemoniado. Es decir, no hay paz en la selva, aunque a veces es agradable, incluso sentíamos como música, y uno se va adaptando. Claro, es muy diferente al ruido que se oye en la ciudad: el ruido de los carros, los movimientos de la gente, los pitos, en fin. Todos estos ruidos son muy diferentes y hoy en día me afectan mucho. Apenas me estoy readaptando a los ruidos de la ciudad.

Sí extraño, a veces, el canto de los pájaros por las mañanas. Pájaros de todas las variedades, de todos los tamaños, ¡hermosísimos! Además, sus cantos son todos muy distintos. ¿Pero sabe qué extrañé muchísimo en algún momento? El canto del gallo. El primer canto a las tres, tres y media de la madrugada, porque cuando estábamos en campamentos fijos casi siempre había gallinas y, por supuesto, gallos. Para mí el canto del gallo era el despertador. Sonaba el canto del gallo y yo, muchas veces, prendía la radio, normalmente a las tres, tres y cuarto de la mañana. Me ponía a escuchar a Néstor Armando Alzate y a Juan Manuel Serna en el programa «Noche, buenos días».

Y bueno, la soledad. Creo que hoy en día no soportaría la soledad. Le tenía pánico, aunque a veces creo que era mejor estar solo, pues hubo momentos complejos, dramáticos, en la convivencia con algunos de los secuestrados, y, por supuesto, con algunos guerrilleros.

Otra cosa que era angustiosa al principio era la posibilidad de un operativo militar. Pues lo primero que me advirtieron es que me matarían si había uno. Vivía con ese temor y con la esperanza de que no sucediera. Con el tiempo perdí ese miedo. Incluso, en un operativo del 1º de mayo del 2002, cuando llevaba como un año secuestrado, no sentí temor. No quiero dármelas de valiente ni pasar por temerario, pero la verdad es que no sentí absolutamente nada. Sí sentí tristeza por los que murieron.

Ese día llegamos a una finca de un ecuatoriano llamado Fernando, desde donde yo alcanzaba a ver el pueblo de Orito, Putumayo. El dueño tenía una esposa que era paisa, rubia, alta, grandota, ya de edad, quien preparó un sancocho de marrano y una morcilla exquisita, ¡me supo a gloria! Yo iba como con un grupo de diez guerrilleros entre ellos iba el comandante, Joaquín «Jota» Barbas, el jefe de finanzas del Frente Segundo, que fue el que me capturó. En alguna oportunidad en esa marcha se me había acercado para decirme: «Lucho, tranquilo que las cosas van a salir bien», cuando me dijo «Lucho» me sorprendió mucho porque ése era un término de la universidad, entonces intuí que me conocía. También me daba ánimo: «Tranquilo, sólo lo voy a llevar a donde están los jefes que deciden, no se preocupe, las cosas van bien».

Entonces almorzamos y se hizo un poco tarde y el comandante les ordenó a otro muchacho y a un grupo de guerrilleros que me llevaran y me hicieran el cambuche, como a cien metros de esa casa. Nos dormimos hasta las cuatro o cuatro y media de la mañana, y hacia las cinco, cuando estaban dando el café, escuchamos una balacera.

Después me sacaron corriendo, y el muchacho que comandaba en ese momento envió a dos hombres a mirar lo que había pasado, porque los «handis pepetiaban» y no se podían comunicar, no contestaba nadie. Cuando llegaron con la razón, informaron que todos habían muerto, que a Joaquín Barbas le habían entrado en la cabeza unas balas explosivas, no recuerdo cómo se llaman, no son exactamente las «dun dun», se disparan con un «maco-co», un revólver grandísimo que tiene un tambor también muy grande y las balas son casi como unos explosivos. Un joven que era del lugar, no era guerrillero, y que sobrevivió al ataque, contó que cuando se produjeron los primeros tiros, Joaquín Barbas estaba en el patio, que eran como las cinco y media de la mañana y estaba tomando café, cosa normal a esa hora, y que cuando sintió los tiros entró a la casa a buscar la maleta con la plata, con los cuatrocientos millones, y cuando salió con el maletín lo mataron. Esto me impactó muchísimo porque Joaquín Barbas había sido buena persona conmigo, fue el que me regaló el perrito. También me dio rabia, como desazón, pues estaba a cien o doscientos metros y a unos cuantos segundos de haber podido quedar en libertad. Si el Ejército hubiera hecho verdadera inteligencia... tuvo que haber inteligencia para saber que había llegado a esa casa un grupo de guerrilleros, muy seguramente tuvo que haber información o conocimiento de que llevaban a una persona secuestrada, independientemente del nombre de la persona. Entonces me dio como una tristeza por la muerte de Barbas y porque tuve esa oportunidad de libertad. Ya llevaba casi un año de secuestro y era consciente de que eso iba para largo, pues ya había escuchado el comunicado del Mono Jojoy sobre la Ley de Canje y ya la zona de distensión se había roto el 20 de febrero de ese mismo año. Es decir, no veía ninguna perspectiva. Además el candidato, hoy presidente, Álvaro Uribe, manifestaba lo difícil que podía ser avanzar en un proceso de acuerdo humanitario. Él montó todas sus expectativas de campaña sobre la base del fracaso del Caguán, y si no se daba el fracaso del Caguán, el 7 de agosto del 2002 daría por concluida esa zona de distensión. Por supuesto, las perspectivas para nosotros eran negras. Estaba consciente de esa situación. Entonces a mí este incidente me impactó mucho, había tenido una posibilidad de libertad y se había perdido. Por eso cuando me agarraron y me sacaron corriendo, la verdad yo no tuve miedo, tuve rabia.

Se acaba el Frente Segundo

Tras lo ocurrido me devolvieron nuevamente a la zona de la cordillera, por orden de otro frente, e iniciamos la marcha de regreso. Volví a estar solo en las mismas condiciones que el primer año, con la diferencia de que empezó un período de deserciones. A raíz de esas muertes, en los diferentes grupos que me mantenían, que se rotaban cada tres o cuatro meses, grupos que eran pequeños, de seis, siete y hasta ocho guerrilleros, se empezaron a presentar frecuentes cuadros de deserción. Hasta tal punto que el Frente Segundo se acabó. Para que exista un frente en la guerrilla de las FARC tiene que hablarse de por lo menos doscientos hombres. Dos columnas de cien hombres cada una componen lo que se llama un frente. Imagino que los cogió la roya, porque además de desertar se empezaron a morir. Murieron los dos comandantes que me secuestraron: murió Barbas, que era el comandante de finanzas del frente; y a otro de los comandantes, que se llamaba Darío Chirijo, una bala le afectó el cuello y tenía muchísimos problemas de salud. Una guerrillera que iba con él cuando lo abalearon también recibió un tiro en el brazo y tuvieron que amputárselo. De manera que ese frente terminó con mala suerte y prácticamente se acabó. Al final, a los dos años, cuando me trasladaron por Ecuador, por Putumayo, por Tres Esquinas, cuando llegamos al Caquetá, ¿sabe al final cuántos hombres iban conmigo? Quince. Y eso era todo. Eso era todo lo que quedaba del Frente Segundo.

Y el problema no fue económico, pues estaba el peaje que cobraban en ese camino de herradura. Creo que el problema fue de descuido en los mandos. Y no sé por qué no reclutaban muchachos de la zona, pero lo cierto es que me trasladaron esos quince personajes que eran todo lo que quedaba del frente. Cuando llegamos a Caquetá, apareció Fabián Ramírez, fue a visitarme al segundo día de haber llegado, a preguntarme cómo me había ido, cómo me habían tratado, y me dijo algo que me llamó mucho la atención: «Usted es el único de los secuestrados que conoce el corazón de las FARC», por todo ese trayecto que había hecho, efectivamente había conocido las zonas más difíciles, más complicadas, y también más llenas de guerrilla y con los mayores recursos.

Los frentes más ricos que tienen las FARC son justamente los del Bloque Sur, en especial los frentes 48 y Segundo, por la coca. Los frentes adquieren recursos y tienen unos límites en sus presupuestos, y los sobrantes van para el bloque (Bloque Sur, Bloque Oriental, etc.), y los sobrantes del bloque, o una cuota representativa, van para el Secretariado, entonces eso va en escala. Y de los frentes más ricos, de los que más contribuyen, son los frentes del Bloque Sur. Los del área de Nariño, Putumayo y Caquetá, los que en ese entonces estaban al mando de Joaquín Gómez, y hoy están, supongo, en manos de Fabián Ramírez.

Campos cocaleros

Estuve muchísimas veces en campos cocaleros controlados por la guerrilla o por lo menos cuidados por ella. Es decir, no puedo asegurar que sean campos cocaleros de la guerrilla como tal, pero sí vigilados y cuidados por ella, sin lugar a dudas. Presta el servicio como una especie de compañía de seguridad privada para los cocaleros de la región. Es un servicio que es muy bien pagado. Muchísimas veces atravesé esos campos. Algo que me llamó la atención es que son terrenos relativamente pequeños. Nunca vi una extensión muy grande de coca. También es curioso que sean cultivos a cielo abierto. No están camuflados en medio de la selva. Por eso me llamó la atención que cuando me atravesaron por Putumayo, en el 2003, vi unos campos cocaleros que estaban experimentando con unas semillas, creo que eran traídas de Perú, para cultivar la coca en la sombra, es decir, debajo de los árboles. Eso sí les ha dado resultado, caramba, va a ser muy difícil, muy difícil, casi que imposible exterminar o acabar con este problema. Porque no se podrán detectar esos cultivos cuando estén sembrados debajo de los árboles, en la selva. No los detecta nadie. Incluso aplicando la política de fumigación no ha habido los resultados que el Gobierno ha querido, o que la sociedad ha querido, y son los mismos Estados Unidos los que auspician y financian esos programas de aspersión, en campos detectables.

Entre otras cosas, parte del trabajo de los tres estadounidenses que ahora están secuestrados era detectar desde el aire esos campos, esos cultivos de coca para aplicar después, dependiendo de las circunstancias y de las condiciones, la política de fumigación. Imagínense qué pasará cuando no se puedan detectar por aire, ahí sí van a ser imposibles de erradicar. Ahí sí tendrán el Gobierno, la sociedad y el mundo en general, que entrar a pensar de una vez por todas en la legalización, como única forma de acabar con el negocio.

Las enfermedades de la selva

De todas las enfermedades que dan en la selva, la que más me impresionó fue la leishmaniasis, que es muy complicada, es el famoso cáncer de la selva, más conocida como «pito». La causa la picadura de un zancudo pero la víctima no siente nada. Además no se ve nada, pero cuando uno se quita la costra se ve un hueco, porque un gusano va carcomiendo el cuerpo, pero no duele, no rasca, es la cosa más curiosa. Ataca cualquier parte del cuerpo. Recuerdo que, por ejemplo, a Gloria Polanco le dio, a Orlando también, creo que en los brazos. A todos prácticamente les dio, casi nadie se escapa. De las personas que conocí, creo que a Ingrid Betancourt es a la única que no le ha dado, porque se cuidaba mucho de no exponerse tan abiertamente a los zancudos, así estuviera haciendo mucho calor, ella siempre usaba camisas de manga larga o se ponía una chaqueta, siempre se cubría. Los demás éramos más descuidados. Yo casi siempre andaba sin camiseta, con una pantaloneta que me había hecho de una sudadera que recorté, y ése era el vestido de baño, la pijama, el traje para hacer ejercicios, la usaba para todo. Era una exposición permanente a todo tipo de zancudos y de bichos. A mí me atacó en dos oportunidades, en la sien, justo antes del intento de fuga, y al final del cautiverio, en la pierna. Terminé el tratamiento en Bogotá, porque me faltaban nueve aplicaciones de unas inyecciones que son restringidas por el Ejército, porque la leishmaniasis es una enfermedad que da mucho en la selva, sobre todo a los guerrilleros. La droga se llama Glucantime, ellos la consiguen a través de Venezuela o Brasil. A mí me aplicaron doscientas inyecciones, la mayoría eran brasileras, algunas eran venezolanas.

La picadura del nuche también me llamó la atención por la manera de curarla. Aunque tampoco duele, la picada sí rasca muchísimo. A mí me dio en todo el estómago y fue desesperante. La forma de curarla es curiosa: una persona no aspira totalmente el cigarrillo sino que exhala el humo sobre la uña y quedan las manchas de nicotina en la uña, y cuando hay una cantidad significativa, entonces la ponen en la cabeza del gusano (porque se alcanzan a ver los gusanos), y la tapan con esparadrapo o con un papelito durante diez minutos. El gusano absorbe esa nicotina y muere, entonces a los diez minutos se espicha muy fuertemente y empiezan a salir gusanos de medio centímetro, de un centímetro, de centímetro y medio, y de un grosor impresionante. No podía creer que en mi estómago estuvieran produciéndose, reproduciéndose y creciendo esos gusanos. No es tanto el dolor ni la rasquiña, sino la impresión de ver salir del cuerpo eso, y quedan las marcas y las cicatrices.

Otro tipo de enfermedades comunes eran las intestinales y gastrointestinales, que se vuelven crónicas. La mayoría de las aguas provienen de caños y ríos contaminados, o bien por efectos del narcotráfico de la región o bien porque los animales y las personas orinan o defecan en ellas. En alguna oportunidad Martín Sombra nos hirvió el agua, justamente cuando me dieron cuadros de hipoglicemia. Recuerdo que se lo pedimos y efectivamente nos llevaban una olla con agua hervida, pero fue causa de peleas, discutíamos porque algunos se servían más, era una ollita pequeña, para diez personas, ¡la miseria humana en todo su esplendor! La que nos correspondía la almacenábamos en botellitas que encontrábamos botadas, botellas de Colombiana o de Coca-Cola. Fueron como dos meses o tres meses de agua hervida, de resto cero, tome agua contaminada y pare de contar.

El paludismo era pan de cada día, sin duda, y afecta muchísimo, afecta tanto que la gente le tenía verdadero pavor, al igual que a la hepatitis, que también era muy frecuente. La dieta que nos daban de por sí era espantosa: arroz, pasta, fríjol. El arroz lo preparaban con esa agua y sin sal, cero sal. Pero cuando uno se enfermaba la dieta era mucho peor, mucho peor. A mí me dio dos veces paludismo y me dieron una droga que se supone es para prevenirlo, que se llama Aralen, famosa en todas las zonas donde existe malaria. Pero el efecto de esta droga es poco una vez se tiene la enfermedad. El paludismo requiere de un tratamiento de quietud y de una dieta especial. Pero los alimentos que les correspondían a los enfermos eran tan espantosos que uno le temía más a esta dieta que a la enfermedad, uno terminaba absolutamente acabado. El paludismo podía durar de veinticinco a treinta días más o menos, con fiebre, diarrea, vómito, escalofrío, huesos rotos. Ingrid Betancourt era nuestra enfermera permanente, así la habíamos designado con cariño, y se ponía furiosa cuando nosotros la molestábamos: le decíamos que las enfermeras jefe normalmente tienen que vestirse con minifalda y ser más atractivas, y no con camuflados y no con sudaderas, y se ponía furiosa, pero lo hacíamos en forma de chiste. A ella también la afectó el paludismo, yo traté de ayudarla como ella lo hizo conmigo.

Yo por fortuna nunca tuve hepatitis. Decían que había mucha hepatitis por transmisión sexual, por transfusiones de sangre contaminada, por cucarachas, etc. La gente a veces no guardaba las vajillas o el vasito que utilizaban, y estábamos invadidos de cucarachas, y éstas son un transmisor importante de esa enfermedad. Entonces lo que uno tenía que hacer siempre era guardar todas sus cositas en una bolsa plástica, para evitar ese contacto con las cucarachas. Pero a veces ni siquiera había bolsas plásticas para poder guardar las cosas, sobre todo en las marchas, entonces quedaban a la intemperie. Ingrid Betancourt había tenido hepatitis antes del secuestro. Ella se cuidaba mucho de tomar cierto tipo de alimentos porque sentía que el hígado se le resentía inmediatamente. Por ejemplo, no podía comer carnes rojas porque automáticamente se sentía mal, entonces muchas veces canjeábamos la comida. Ella me regalaba la carne roja y yo le daba el pollo o la gallina (aunque nos dieron estos alimentos unas tres o cuatro veces en todo el secuestro) o pescado, esto sí había con alguna regularidad porque en algunas zonas había ríos que permitían la pesca. Ella tampoco podía tomar ni una gota de licor. Del campamento de Martín Sombra eventualmente nos llegaba una botella de whisky o de vodka, y como habíamos hecho un «timbo» debajo de mi caleta, preparábamos un menjurje que se llama «pipo»: al agua de panela fermentada le añadíamos vodka o whisky, y eso era dinamita, para la cabeza y para el estómago. Cómo será que los tres estadounidenses taponaron el baño una vez que los emborrachamos con eso, ¡creo que expulsaron todo lo que habían comido durante el cautiverio por culpa de ese menjurje!

Recuerdo que una vez, cuando iniciamos una marcha terrible, como de cuarenta días, con Martín Sombra, en el momento de salir a marchar él ofreció un trago de vodka para todos. Yo casi nunca tomo trago y no me lo tomé, pero Ingrid Betancourt sí se tomó ese vodka. Empezamos a caminar a las seis o siete de la mañana y una hora después ella ya no pudo seguir más, se sintió tan mal que tiró el equipo y no pudo andar y desde ahí tocó cargarla en hamaca, durante los cuarenta días. No podía dar ni dos pasos, para bañarse tocaba ayudarla, para poderse cambiar, para acostarse en la hamaca, en fin. No le ofrecieron ningún medicamento, como gran cosa le preparaban unas coladas. Después sí le dieron una droga que se llama Silimarina. No se me olvidó el nombre porque me recordaba el mar.

Tuve la oportunidad de reunirme con los médicos franceses que vinieron para entrevistarse con Ingrid en cautiverio y evaluar su condición física; el médico estaba elaborando la historia clínica de ella, con algunos otros médicos particulares especialistas en el hígado. Ellos llegaron a la conclusión de que no puede ser hepatitis recurrente sino amibiasis lo que ella tiene, amebas enquistadas en el hígado, también es peligroso. Tan peligroso o más que la propia hepatitis, pero tiene una ventaja inmensa: el tratamiento es mucho más fácil si se le brinda la droga adecuada. Es una especie de purga que puede conseguirse en el mercado local, en la zona donde puede estar ella. Esas amebas enquistadas presentan la misma sintomatología que la hepatitis, presentan los mismos cuadros que la hepatitis, menos la icteria en los ojos y en el color de la piel, ni en las uñas. Por eso la guerrilla creía que ella se estaba burlando, que hacía paro sólo para no caminar o para no cargar los equipos en las marchas. Y la verdad era que no podía, pero no le creían porque le miraban los ojos, la piel, las uñas y no presentaba icteria. Ellos se burlaban de ella en forma ofensiva, porque creían que ella les estaba, como decimos, mamando gallo.

En cuestión de medicamentos ellos mantienen cosas muy básicas. Los enfermeros cargaban dentro de sus equipos sueros antiofídicos contra mordeduras de culebra o murciélago, unas cremas para hongos, porque el hongo es mortal allá y todo el mundo lo sufre a causa de la humedad, pastillas para la gastritis, para los dolores de cabeza y para la gastroenteritis. Para cuadros clínicos que presenten algún tipo de infección tenían ampicilina.

Claro que a los guerrilleros también los afectan las mismas enfermedades: caían con hepatitis, con paludismo, con leishmaniasis y con otro tipo de enfermedades. Incluso es muy curioso que los guerrilleros que nos cuidaban, por lo menos la gran mayoría de ellos, son lisiados de guerra, casi todos tienen algún defecto físico, aunque tienen toda su movilidad, presentan unas cicatrices impresionantes por las heridas que han tenido. Y son muy jóvenes, de diecisiete, dieciocho años, pero casi todos requieren de tratamiento permanente. Entonces los enfermeros deben contar con droga para atender a su propia tropa, y por supuesto prefieren atender con drogas y medicamentos a los suyos que a los demás. Creo que esto fue lo que pasó con el capitán Guevara. Yo lo vi en alguna marcha. Nos saludamos y él continuó por su camino y yo por el otro lado, simplemente nos saludamos y nos deseamos suerte. Pero algunos compañeros que habían estado con él me contaron que una bala le había rozado el cerebro y que presentaba cuadros muy semejantes a ataques epilépticos y que tenían que suministrarle en forma permanente una droga.

Leyenda de los «hombre-solos»

En la selva hay leyendas de todo tipo. Había una que me sorprendía mucho, y parece que no es tan leyenda, que tiene mucho de realidad. Se refiere a los famosos «hombre-solos». Contaban que son miembros del Ejército súper entrenados. Personas que se internan solas en la selva. Tienen capacidad de resistencia de meses para hacer supervivencia, y se aparecen y hacen inteligencia sobre los campamentos. La guerrilla habla con pavor de este tipo de personajes. Dicen que han cogido a varios. Por supuesto son torturados y asesinados. Suena a leyenda, pero ellos hablan mucho del tema. Dicen que son personajes vestidos como el Hombre Araña, que andan por los árboles con una capacidad física impresionante. No hacen daño. No se acercan, no matan, nada. Simplemente hacen inteligencia y pasan información al Ejército. Es la versión de los guerrilleros. Entonces cuando ellos ven sombras, movimientos nocturnos, sobre todo los guardias que prestan su servicio por las noches, hablan con mucho miedo de estos hombres.

De otras leyendas hablaban los guerrilleros indígenas, que eran muy locuaces cuando se trataba de hablar de fantasmas o de animales. O por ejemplo de la Mujer Caimán, una mujer que tiene de la cintura para arriba figura femenina y de la cintura para abajo figura de caimán, y que se aparece mucho en las orillas de los ríos en días de verano en que va a asolearse, como si estuviera bronceándose en las playas de arena que forman los ríos en algunos sitios.

Animales grandes y pequeños

Durante la época de verano se veían culebras casi todos los días, porque en esa época salen del monte y van hacia los caños y ríos buscando agua. Los caños son como pequeñas quebradas, aunque también llamaban caños a unas quebradas bastante grandes. Y como siempre acampábamos cerca de esos lugares por el agua para la comida, para bañarnos, para la ropa, las veíamos con frecuencia. Muchas veces pasaban por encima de nosotros, pasaban por encima de las caletas. Cuando me levantaba de noche ése era uno de mis temores, porque las culebras se enchipan en donde sienten calor, entonces se podían acomodar en el plástico que ponía encima del suelo y sobre el cual dormía, como un animal. La única diferencia que había con los animales era que usábamos un toldillo, que nos protegía de insectos como la manta blanca, un animalito pequeñísimo, casi microscópico, pero cuyas picadas son salvajes. Y el riesgo no sólo eran las culebras, también los alacranes, las arañas, conviví siete años con animales de todo tipo.

El tigre también formaba parte de esa fauna. El mismo Martín Sombra mató dos tigres frente a nosotros, en el campamento, y los exhibía. Unos tigres como de dos metros. Estaban merodeando por el campamento donde nos tenían enrejados con alambre de púas, era un campo de concentración absoluto. Martín Sombra era tan descarado que nos decía que los alambres eran para protegernos de los animales salvajes. Justificaba el horror de mantenernos en esas circunstancias diciendo que nos estaba haciendo un bien, que nos estaba protegiendo.

Nos comimos algunos de estos animales. Al güío, una boa gigantesca, le extraían las bolsas de veneno que tiene en las glándulas, y nos lo comíamos. No sé si nos dieron carne de tigre, pero caldo de tigre sí, pues según Martín Sombra cura todo.

Y bueno, otra cosa increíble fue que nadie resultó con mordedura de culebra. Algunas eran muy peligrosas y otras grandísimas. Ingrid Betancourt y Clara Rojas alguna vez vieron un güío que tenía unos cincuenta, sesenta centímetros de ancho y unos ocho o nueve metros de largo. En otro campamento atraparon uno donde nos bañábamos. Afortunadamente lo mataron antes de que mordiera a alguien, tenía por lo menos cinco metros, pero no era tan grueso, tal vez treinta centímetros de grosor.

Momentos críticos

Todos los días abrigué la posibilidad de fugarme. Creo que al secuestrado le pasa lo mismo que al preso: desde que llega a la cárcel o desde que es condenado, está siempre pensando en escaparse, y al secuestrado le pasa exactamente lo mismo. Yo tuve realmente dos posibilidades de fuga. La primera ocurrió en el mismo año del secuestro, en el 2001, como a los cuatro o cinco meses cuando estaban intentando llevarme a la zona de distensión, que para ese entonces aún estaba vigente. Estábamos entonces en una zona cualquiera de Putumayo y había una guerrillera que era de mi tierra, Nariño, y ella me conocía, me decía que yo había estado una vez en su casa, donde su familia, en alguna de esas gestiones políticas, y realmente era muy amable conmigo. Un día que llegamos a un sitio cerca de Puerto Caicedo, en Putumayo, le pregunté por qué no contemplaba la posibilidad de que nos fuéramos, que yo la ayudaría con su familia. En fin, que le daba todas las garantías para que no le pasara nada, y aceptó la propuesta, entonces yo le pedí el favor de que averiguara en qué sitio estábamos porque ella salía con alguna frecuencia a traer remesa de alguna tienda, a algún punto de acopio que quedaba cerca, entonces así quedamos. Nosotros estábamos acampando provisionalmente, esperando órdenes para continuar con la marcha.

Un buen día que el comandante del grupo había salido con dos muchachos, seguramente a traer comida o a hacer alguna gestión, me dejaron al cuidado de tres mujeres, una que era entre otras cosas muy bonita y era la amante del comandante, otra que era mi coterránea y otra guerrillera que era una indígena del valle de Sibundoy, en Putumayo. Me recosté en la caleta como alrededor de las tres o cuatro de la tarde y me quedé dormido, y a las seis o siete de la noche me dieron ganas de orinar, me levanté y dije: «Guardia, voy a orinar», y nadie me contestó. Volví a repetir, a insistir varias veces: «Guardia, voy a orinar». En ese momento tenía una linterna, empecé a alumbrar y no vi a nadie, sólo logré ver a la mujer del comandante acostada en su caleta, dormida, pero a las otras no las vi y seguí insistiendo, insistiendo, y nada… ellas se habían volado. Me asusté. Me asusté porque era el momento de irme. Yo estaba absolutamente despistado del sitio en el que estaba, me habían dado una cantidad de vueltas y vueltas para llegar allá, me habían pasado por unos cocales, muy enredado el viaje. El susto mayor era que, si me volaba, el comandante y los otros dos me encontraran en el camino cuando regresaran, y se me complicaran las cosas. Total, me asusté y lo único que hice fue quedarme quieto en la caleta y me hice el dormido. Como a las nueve de la noche llegaron el comandante y los otros guerrilleros y empezó una gritería y un escándalo tenaz, él le pegó a la mujer y gritaba: «Hijueputa, hijueputa, ¿por qué, qué fue lo que hicieron, dónde están las otras?». Claro, automáticamente yo me di cuenta de que se habían volado, yo hice el que me despertaba en ese momento y dije: «¡Qué pasó, qué pasó!», como haciéndome el distraído y me decían que me tranquilizara y nada más.

Pues efectivamente estas dos niñas se habían ido, se volaron. Pero lo más curioso fue que se volaron con mi ropa. Yo había lavado ese día, o el día anterior, y tenía secando la ropa, toda mi ropa, y se la llevaron, las camisetas y las sudaderas, estas niñas se fueron con todo. Esa noche todos estaban asustadísimos, y no podían establecer comunicación sino hasta las ocho de la mañana, entonces tocó esperar. Toda la noche la pasamos en vela, nos hicieron recoger todo, levantar todo el campamento, nos cambiamos de sitio hacia las once o doce de la noche, pensando que ellas se entregarían y contarían dónde estábamos, porque parece que había mucho ejército en la zona, muy cerca. Entonces a las ocho de la mañana el guerrillero se comunicó: «Dos gallinas se fueron del gallinero…», me acuerdo de la expresión que utilizó. Le dieron la orden de que se devolviera. Éste fue uno de los tantos intentos frustrados que hicieron para pasarme de la zona de Nariño a la zona del Caguán, para integrarme con todos los demás secuestrados. Otra vez de vuelta para Nariño, por la cordillera. Quedé con la inmensa frustración de que me faltó berraquera para haber arrancado en ese momento, pues fue efectivamente el momento. Me consuelo pensando que no habría resistido en esas circunstancias, sin comida y sin saber «manejar» la selva, porque no la conocía, ni siquiera sabía dónde estaba realmente ubicado; sabía que estaba como por el Putumayo medio, a alguien le había escuchado que estábamos cerca de la población de Puerto Caicedo, pero no más. Y había mucha guerrilla en la región, en la zona, eso yo lo sabía y, la verdad, me asusté.

Lo único que supe después fue que habían encontrado a la indígena de Putumayo y la habían matado. No me consta, pero fueron los comentarios que alcancé a escuchar. De la otra no supe nada.

Segundo intento de fuga

En enero del 2005 llegamos a un campamento después de una marcha larga, de cuarenta días, en la que tuvimos que cargar a Ingrid Betancourt en hamaca porque estaba enferma del hígado. Llegamos a un campamento en el que nos mantenían más o menos fijos. Cuando Ingrid ya estaba un poco más recuperada, empezamos a hablar de la posibilidad de escaparnos, y empezamos a planear la fuga. Ella empezó a construir unos morralitos, que allá se llaman «minicruceros», y que son unos equipos pequeños que usan los guerrilleros, son como los que se usan cuando uno va a jugar partidos de fútbol, para llevar unas pocas cosas, lo mínimo. Los hizo con un pantalón mío, le quitó las piernas y con la parte superior empezó a hacer los dos equipos, y los hizo, efectivamente. También confeccionó una bolsa para cargar un tarro de aceite, que nos serviría de flotador. Primero tratamos de conseguir los tarros, los probábamos cuando íbamos al caño con el pretexto de que los íbamos a lavar, porque esos tarros nos los daban para que orináramos de noche, pues no podíamos hacer ningún otro movimiento distinto al de orinar dentro de ellos. Entonces, con el pretexto de lavarlos en el caño probábamos si flotaban, si nos resistían y, efectivamente, sí flotaban, sí resistían, había que hacerles como una mallita para sostenerlos y, entonces, Ingrid las preparó. Ya las teníamos listas pero a mí me dio leishmaniasis en la sien izquierda, lo que me condenó a someterme al famoso tratamiento de las doscientas inyecciones de Glucantime, y a esperar doscientos días más.

Mientras tanto seguíamos acariciando la posibilidad, seguíamos analizando, estudiando cuál podría ser la mejor forma: por tierra o por agua. En esos días un guerrillero le pidió a Ingrid que le tradujera algo en su GPS; ella lo hizo y al mismo tiempo se dio cuenta de las coordenadas, del punto exacto donde estábamos en ese momento. Teníamos una cartilla de historia de Colombia, que una de las guerrilleras nos había prestado para leer algo, con el mapa de Colombia y con las coordenadas correspondientes. Por eso nos ubicamos: estábamos exactamente en la nariz, esa nariz que sale en el mapa de Colombia, entre las fronteras de Brasil y Venezuela más hacia Brasil, estábamos a ochenta kilómetros al sur de Mitú y sobre un río que puede ser el Papurí, un río muy ancho de todas maneras. Estábamos orientados y sabíamos que ese río iba hacia la cuenca amazónica. Uno allá se despista mucho en las fronteras entre Venezuela y Brasil porque hay ríos que van hacia la cuenca del Orinoco, que es a mano izquierda hacia arriba, o hacia la cuenca del Amazonas, que es a mano derecha hacia abajo. Por eso a veces era muy difícil saber de qué cuenca se trataba. En esa oportunidad supimos con certeza que era la del Amazonas. De manera que nosotros seguíamos haciendo todos los análisis, los cálculos, evaluando las posibilidades de cómo salir.

El tema de la comida también nos falló. Fue muy complicado. No podíamos almacenar mucha porque, como no me cicatrizaba la herida del «pito» y tenía que seguir sometiéndome al tratamiento, teníamos que botarla o consumirla. No podía suspender el tratamiento, pues si dejaba de ponerme la inyección un solo día tenía que reiniciarlo.

Al cabo de esos doscientos días me cicatrizó y suspendí el medicamento pues ya no lo necesitaba. Quedé muy mal físicamente, con dolores fuertes en las articulaciones. Además, necesitaba un tiempo de reposo, de recuperación y, luego, volver a hacer ejercicio. Una de la condiciones para una recuperación «rápida» era cero ejercicio, absoluta quietud, reposo total, porque al exhalar el sudor exhalaba también la droga y se perdía el efecto. Cuando estaba en este proceso de recuperación, de repente un día empezaron a construir unos huecos alrededor de los cambuches. Ya nos habían cambiado de sitio las caletas, pues estaban poniendo una letrina y un tanque de agua para bombear agua del río y poder bañarnos sin volver a los caños. Y esos huecos eran para poner unos palos y hacer la cerca con alambre de púas, como una jaula. Así que iban a enjaularnos otra vez.

Ya habíamos salido del enjaulamiento del señor Martín Sombra y ¡otra vez nos iban a encerrar con alambre de púas! Me asusté muchísimo porque eso, por supuesto, echaba para atrás todos los planes que desde enero de ese año veníamos haciendo, y ya era 19 de julio del 2005. Pero no terminaron esa tarde. Como a las cuatro de la tarde suspendieron los trabajos y se fueron a bañar y a otras actividades. Fue ahí cuando Ingrid y yo tomamos la determinación: o era esa noche o no nos íbamos nunca. Empezamos a tratar de organizar las cosas, lo más rápidamente posible, pero no teníamos suficiente comida, contábamos con unos seis o siete paqueticos de galletas, media panela, tres anzuelos, una vela, unas poquitas vitaminas que de casualidad me habían dado para el proceso de recuperación, vitaminas Centrum, eran unas ocho o diez pastillas. No teníamos nada más. Nos cogió desprevenidos. Sin embargo tomamos la determinación de irnos. Acordamos irnos entre las seis y las ocho de la noche, porque a esa hora hay una mayor oscuridad, porque el ruido de los animales y de los insectos a esa hora es muy fuerte y porque estábamos en época de invierno y siempre llovía en las horas de la tarde y al anochecer. Era una hora ideal. Pero ese día no llovió. ¡Esa noche no llovió! La lluvia era importante porque los guardias se ponen unos plásticos encima para cubrirse y no oyen los ruidos y por supuesto también se les merma la visibilidad porque se cubren muy bien para no mojarse. Por eso era necesaria la lluvia. Y para rematar, un guardia se paró justo al frente de la caleta de Ingrid, entonces ella no podía salir. Nuestras caletas estaban como a unos cinco metros entre sí. La de ella estaba en la parte de atrás, junto a las que tenían los militares y policías, ellos dormían de a dos, encadenados. En ese entonces a nosotros no nos tenían encadenados pero a los policías y militares sí, en ese momento sólo por las noches, actualmente los tienen encadenados las veinticuatro horas del día.

A las ocho de la noche me di cuenta de que iba a ser muy difícil fugarse en esas circunstancias, así que me dormí. Cuál sería mi sorpresa cuando a la una de la mañana sentí un pellizco. ¡Casi pego un grito del susto y del dolor, pues fue un pellizco con todas las de la ley! Era Ingrid. Acababa de agarrar las botas de los policías y militares y de poner un par en su caleta para hacer bulto, para despistar a los guardias. Llevaba otro par para ponerlo en mi caleta. No se cómo, pues estaba aterrado, atiné a ponerme mis botas y a coger el morralito. Arrancamos. En ese momento sí estaba lloviendo, no muy fuerte pero estaba lloviendo, era alrededor de la una de la mañana y los guardias estaban charlando detrás de las caletas de los militares. Había lluvia, los tipos estaban cubriéndose con plásticos, hablando distraídos y fumando. Teníamos todo a nuestro favor.

Corrimos y nos metimos al agua, al borde de un rebalse. El rebalse tenía una profundidad intimidante. Empezamos a nadar con los tarros que habíamos preparado, estilo salvavidas, y flotábamos muy bien. Después salimos a un montículo y caminamos unos veinte pasos, ahí ya estaba el río en toda su magnitud. En ese montículo nos amarramos. Ingrid Betancourt es una excelente nadadora, buzo profesional e instructora de buceo. Yo llevaba mucho tiempo sin nadar grandes distancias y quizás sentía que había perdido la capacidad de hacerlo bien. Así que nos amarramos porque yo le había advertido que era la única forma en que me metería en el río. A nosotros nos daban unos lacitos para que los usáramos como guindos para las hamacas, para lo que necesitáramos, entonces con eso hicimos un lazo largo para amarrarnos uno al otro. Yo iba detrás de Ingrid y flotábamos perfectamente. Los tarros eran ideales porque no nos mojábamos la cabeza, por eso íbamos tranquilos. ¡Fue una de las sensaciones más increíbles que haya vivido en mi vida! Esa imagen no se me borrará jamás: veíamos el río como una autopista, la luna llena se veía al fondo como si la Virgen nos estuviera llamando, como si una fuerza nos estuviera llevando, era una sensación de libertad, de que íbamos nadando hacia la libertad. Fue uno de los momentos más impactantes y emocionantes en todo ese cautiverio.

Al cabo de un buen rato empezamos a tratar de pasarnos a la otra orilla del río. La idea era ir en zigzag para no dejar la más mínima huella o trillo que pudiera ser detectada por los guerrilleros. Pero la corriente del río era tremendamente fuerte y atravesar el río nos costó, por lo menos, una hora. Llevábamos los morralitos detrás de nosotros, con las poquitas cosas que habíamos conseguido envueltas en plásticos. Cuando llegamos a la otra orilla seguimos nadando como hasta las cuatro de la madrugada. El frío empezó a golpearnos mucho, porque estábamos mojados y empezamos a sentir los efectos de lo que claramente era una hipotermia, entonces nos salimos.

Estábamos en la otra orilla. Pensamos que habíamos avanzado muchísimo, pero el río no va en línea recta. Después nos dimos cuenta de que no habíamos avanzado mayor cosa. Sin embargo, esa primera noche nos sentíamos felices pues pensábamos que estábamos lejos. Exprimimos la ropa, lo más que pudimos, hicimos ejercicios para tratar de calentarnos. Al otro día abrigamos la esperanza de que hiciera sol para secarnos algo, pero nada, todo el día llovió, una llovizna insoportable y nada del sol. Como a las seis de la mañana los tipos se dieron cuenta de que nos habíamos volado. Posiblemente un poco más tarde, a la hora del desayuno. Como no aparecíamos fueron a ver y encontraron las botas de los militares. Ya los militares habían preguntado por sus botas, y de pronto relacionaron este asunto con nosotros. El caso es que fueron a revisar nuestras caletas y encontraron las botas. Por eso la represalia fue quitárnoslas a todos y dejarnos descalzos en los campamentos con la humedad, durante muchísimo tiempo.

Empezaron a buscarnos como al mediodía, no inmediatamente. Nosotros permanecimos quietecitos en el sitio donde salimos, quietos, haciendo calistenia. ¡Ah!, llevábamos un par de plásticos pequeños, entonces los alisté para que Ingrid descansara primero, yo vigilaría, y luego invertiríamos los papeles. Trató de dormir, pero con el susto y la incomodidad de estar mojada ¡qué iba a poder dormir en ese momento! No sé por qué, pero no teníamos miedo de que nos recapturaran. Ni pensábamos en eso. Estábamos felices con el cuento de estar libres. Aunque nos empezamos a preocupar cuando comenzó un movimiento de lanchas y canoas llenas de guerrilla. Como a las dos de la tarde unos guerrilleros desembarcaron muy cerca de donde nosotros estábamos. No los alcanzábamos a ver pero sí los oíamos hablando. Tomaron otro camino y nosotros permanecimos escondidos y quietos detrás de unos palos. Cuando sentimos que se habían ido, porque no volvimos a escuchar voces, nos acomodamos para intentar dormir. La idea era despertarnos como alrededor de las once, doce de la noche, y meternos otra vez al río y hacer lo mismo que la noche anterior. Efectivamente así lo hicimos, aunque quién iba a poder dormir en esas circunstancias: mojados, lloviendo, sin nada para cubrirnos, solamente teníamos dos plásticos, pero eran para ponerlos en el suelo y no acostarnos sobre el barro.

Entre las doce de la noche y la una de la mañana volvimos a meternos al río y empezamos a nadar otra vez, pero hacia el otro lado, hacia la otra orilla para despistar. Nos fuimos a la otra orilla, pero cuando llegamos tuvimos que salirnos inmediatamente, no resistimos. Habíamos nadado como dos horas o dos horas y pico. El frío y el hambre nos obligaron a salir. Teníamos los paquetes de galletas y media panela, de la que comíamos un pedacito para tener calorías antes de meternos al río. Este segundo día de libertad fue bueno: hizo un poquito de sol, con el que tratamos de secarnos un poco, y por primera vez empezamos a pescar. Ingrid pescó unos cuatro o cinco pescaditos caribe, pequeños, mientras yo trataba de hacer fuego. Llevábamos «mechera», un estilo de encendedor que nos daban para los cigarrillos, y la vela. Pero gasté toda la vela tratando de prender una fogata, se me acabaron la vela y el mechero. Yo no fui *boy scout* y tampoco presté el servicio militar, no tenía idea de cómo hacerlo. Entonces pelé los pescaditos para limpiarlos, sacarles todos sus intestinos y así comernos la carne cruda, ¿qué tal?, era nuestra versión del *sushi* de la selva. Afortunadamente el cuerpo con hambre recibe lo que sea.

La tercera noche hicimos lo mismo, continuamos según lo planeado, en zigzag, de orilla a orilla. Pero cada vez era más difícil, ya casi no podíamos llegar a la orilla, y cuando lo lográbamos estábamos muchísimo más cansados. Al cuarto día nos pusimos muy nerviosos: nos empezó la pecueca más espantosa, entre las piernas se nos había pelado la piel (estábamos «fogueados» como le dicen en la selva, quemados por la ropa húmeda), teníamos picaduras de zancudos por todos lados porque no teníamos toldillo, se nos enredaron los tres anzuelos y los perdimos. Además, yo tenía los pies absolutamente destruidos por la humedad. Me salieron una especie de bolsas que no me permitían caminar porque me dolía muchísimo, el famoso pie de diabético. Me sentía muy mal. Ingrid también estaba mal, pero tenía más fuerza y resistencia que yo. Se nos complicó todo.

Al sexto día la vimos muy difícil. Empecé a sentir cuadros de hipoglicemia y nos asustamos, así que tomamos la determinación de abortar la fuga. No veíamos ninguna otra solución. En ese momento no sabíamos que la guerrilla tenía pistas sobre nuestro paradero, pues al segundo día de habernos fugado habíamos visto una canoa con unas señoras con niños y les habíamos gritado para que nos recogieran, ellas no pararon pero sí informaron dónde habían escuchado los gritos, entonces los tipos se ubicaron y estaban buscándonos en esa zona. Nosotros creíamos que no nos habían oído por el ruido del motor, pero estábamos equivocados. Los guerrilleros ya habían advertido a los pobladores sobre nuestra desaparición. Ellos ejercen un control absoluto en la zona, inclusive dan la orden de que nadie navegue por el río durante una semana, sobre todo cuando hay movimientos con secuestrados, o cosas así, y nadie se moviliza en toda la región, así pueden andar a sus anchas, sin control ni miedo de que alguien vea algo.

La decisión de entregarnos la tomamos entre los dos. Fue una decisión realista y muy dolorosa, pero estábamos de acuerdo los dos; realista, por las condiciones en las que estábamos; dolorosa, porque sabíamos lo que se venía. Yo pensé que me iban a matar, sin duda. Ellos siempre actúan de esa manera: secuestrado que intente escapar, secuestrado que matan, así era. Está el caso de un suboficial de apellido Pérez, entre otros, cuyo hijo murió de cáncer, en el que intervino hasta el Papa. La comunidad internacional trató infructuosamente de conmover el corazón de los guerrilleros y que de alguna manera permitieran que este niño tuviera contacto con su papá. Pérez se voló con otro compañero, después de que su hijo murió, pero cuando los recapturaron, los asesinaron. Así actúa la guerrilla. Por supuesto, fue en lo primero que pensé. Además, yo los tenía un poco cansados, me la tenían al rojo vivo por contestatario. Le pedí a Ingrid que me despidiera de mis hijos y de Ángela. Que les hiciera saber cuán orgulloso y agradecido estaba con ellos por su lucha. Ése era el mensaje que siempre quise que recibieran de parte mía. En eso habíamos quedado con Ingrid si ella lograba salir y yo no.

Entonces pasó una canoa repleta de guerrilla y ella gritó, y por supuesto se acercaron a la orilla donde estábamos. Ingrid los saluda: «Quihubo, por qué se demoraron tanto, nosotros aquí esperándolos», y se voltea uno de los guerrilleros, un costeño, que parecía enamorado de ella, y le dice: «Cállese, vieja hijueputa y más bien súbase a la canoa». De una la subieron. Yo me quedé recogiendo las cositas y él creyó que le estaba mamando gallo y de un solo patadón me subió y me tiraron al suelo. En ese trayecto, desde donde nos recogieron hasta el campamento, gastamos treinta minutos, es decir, todo ese esfuerzo de seis días, nadando, fueron treinta minutos con un motor de 40 caballos de fuerza, subiendo por el río. La canoa iba relativamente pesada porque iban como ocho guerrilleros y nosotros dos, diez en total, y fueron treinta minutos. No habíamos avanzado nada y nosotros creíamos que ya estábamos más o menos cerca a Brasil. Seguramente, si lo hubiésemos hecho a pie hubiéramos avanzado muchísimo más, mil veces más de lo que pudimos haber avanzado en el agua, pero no conocíamos bien la zona y era muy difícil no dejar trillo. Nosotros no teníamos experiencia en manejos en la selva, no sabíamos cómo no dejar huellas, los guerrilleros son muy hábiles en eso, sobre todo los nativos de la región, van caminando por entre la manigua, entre bejucos y todo, y a los cinco minutos ya no se sabe por dónde fue que pasaron. Cuando uno no sabe hacerlo va dejando todo tipo de señales y huellas, ésa fue la razón por la cual nos metimos al río, también porque teníamos la esperanza de ver en alguna casita un potrillo o una canoíta por ahí amarrada, y la idea era robárnosla y seguir río abajo hasta Brasil, ésa era nuestra intención.

Cuando planeamos la fuga pensábamos en tener alimentos y resistencia para unos quince días, como mínimo. Pero como al final fue una decisión intempestiva, no teníamos las provisiones necesarias. Primó más el sentido de conservar la vida. Creo que al final del balance no importaba que hubiéramos estado encadenados durante tanto tiempo o sometidos a tantos vejámenes y humillaciones, sino que había alguna esperanza de que algún día tendríamos la libertad. Creo que si hubiéramos seguido no habría aguantado porque estaba muy mal, agotado, convaleciente de ese tratamiento del «pito». Pero creo que Ingrid sí habría podido escaparse como lo logró Pinchao.

Al llegar al campamento, a donde ya habían llegado refuerzos guerrilleros de todas partes, el recibimiento fue espantoso. Todos los guerrilleros estaban furiosos, terriblemente furiosos. El comandante Enrique, al que le dicen «Gafas», que es un desgraciado de tiempo completo, de lo peor, dice: «Por ustedes, por culpa de ustedes casi nos matan a todos», porque si coronábamos en la escapada, con la importancia de Ingrid a nivel nacional e internacional, pues adiós guerrilla, se les complicaba el panorama, y era la pena de muerte para el comandante y todas sus personas a cargo. Seguro los habrían matado si no aparecemos tan pronto. Habían llegado comandantes con mucho más rango de los que estaban ahí cuidándonos. Creo que no solamente para buscarnos, sino también para efectuar los consejos de guerra correspondientes.

Como represalia, a nuestros compañeros les habían quitado las botas y los tenían encadenados las veinticuatro horas del día. Sintieron mucha alegría al vernos, tal vez alguno hizo algún comentario destemplado, pero sin mayor importancia, alegrándose de que nos hubieran capturado. Ellos no sabían realmente qué era lo que había pasado. A nadie le habíamos dicho nada, a nadie. Es más, ni siquiera sospecharon. Aunque Ingrid, que no le prestaba la Biblia a nadie, no por egoísmo sino porque la leía constantemente (también oía a diario, por onda corta, a un pastor de nombre Adams, de la iglesia bautista, que emite desde Los Ángeles, y leía los pasajes bíblicos que él mencionaba), el día que nos fugamos le prestó la Biblia a uno de los oficiales del Ejército, y, además, yo le dije a Pinchao que mi radiecito quedaba en la caleta, que si pasaba cualquier cosa quedaba en la caleta, porque allá los radios son muy apetecidos. Ingrid tenía su radiecito, yo tenía el mío, de manera que era muy importante que no cayeran en manos de la guerrilla, sino que alguno de los muchachos los aprovechara. Pero ninguno sospechó, curioso. La idea de la fuga salió de las charlas que teníamos sobre distintos temas, a veces sólo para matar el tiempo.

Algo que me extrañaba era que los policías y militares no lo hubieran intentado primero, claro, por su formación. De día estaban sin cadena y de noche tenían unas que eran una chichigua. Las cadenas no eran un impedimento en ese momento. Después las cambiaron y se complicaron mucho más las cosas. En ese enero, cuando empezamos a planear la fuga, hubo un intento de dos oficiales del Ejército: el capitán Bermeo y el teniente Malagón. Ellos iban a intentarlo por tierra, pero al minuto de haberse ido los cogieron. Uno de los guardias se dio cuenta y los recapturaron inmediatamente. Los amarraron y los encadenaron, las veinticuatro horas del día durante un mes. Comenzó a generarse mucha desconfianza por parte de ese grupo guerrillero que apenas empezaba a cuidarnos. Pero bueno, eso se superó con el tiempo.

Ingrid tenía experiencia en fugas, porque ella y Clara Rojas lo habían intentado varias veces. En alguna de esas oportunidades las encadenaron y las mantuvieron amarradas, estuvieron así como tres meses. Les echaron llave, también les construyeron una especie de cuartico y las mantenían a las dos juntas.

Aunque la decisión nos tocó tomarla en minutos, creo que teníamos que intentarlo y no me arrepiento; aunque hayamos sufrido después el encadenamiento, nos quitaron las botas, todo tipo de atropellos. Pero resistimos. Lo más difícil era pensar que por mi culpa Ingrid no lo hubiera logrado. Ella estaba en mejores condiciones que yo y tenía el chance de salir. Y a pesar de esto no hubo ni el más mínimo reproche, no me recriminó nada, nunca. Yo insistía en que siguiéramos aunque sabía que no podía más. Pero ella me vio muy mal e insistió: «No, no… dejemos esto aquí y punto, aquí lo importante es la vida». Tengo un inmenso sentimiento de culpa por no haber aguantado.

Toda clase de enfermedades

En los dos primeros años de cautiverio no me dio ningún cuadro diabético, pero sí una parálisis de riñón. Tuve una infección renal muy fuerte. Durante los dos meses de la travesía por la cordillera hasta que llegué al Caguán estuve enfermo del riñón, y me puse peor cuando llegamos. Todavía estaba solo, no me habían unido al grupo de secuestrados. Fue entre junio y julio del 2003. Empecé a sentirme muy mal, con un dolor terrible, no podía caminar y un buen día empecé a sentir contracciones por la parálisis del riñón, eran supremamente fuertes y dolorosas. O me mataba la enfermedad o me mataba el dolor o yo me mataba del desespero, porque pasaban los días y pasaban los días y no tenía asistencia médica. Sólo cuando se dieron cuenta de la gravedad de mi estado se movieron y llamaron al médico. El hospital estaba muy cerca de ese campamento. Es de ellos y es más bien una casa de madera acondicionada para ser un hospital, con las condiciones mínimas para primeros auxilios. Tenía una sala de cirugía, laboratorios y un equipo de radiografía muy básicos. Ahí me atendieron y estuve «internado» como un mes y medio: me aplicaron antibióticos para combatir la infección y unos líquidos que me ponían a través de la dextrosa para mover el riñón. El dolor fue tal que no podía moverme ni para ir al baño y hasta me hicieron una muleta para tratar de movilizarme. Cuando me «dieron de alta» me llevaron a donde estaban Ingrid Betancourt y Clara Rojas. Estaban a diez minutos de aquel hospital. Esto fue el 22 de agosto del 2003. Recuerdo la fecha porque ese día cumple años mi hija.

En el hospital tuve constantemente un médico a mi lado las primeras 72 horas, porque realmente estuve muy grave. El médico era amable, de buen trato, culto. Le decían Vitelio, un médico vestido de camuflado y todo, muy decente en su modo de ser, con buena presencia. Había estudiado en una universidad del Huila o de Manizales, y tenía muchísimos conocimientos de medicina, muy serio. Era diferente a los que había en los campamentos, que eran enfermeros teguas, que recetaban para todo una Aspirina y pare de contar. Éste era un médico profesional, se le notaba. Yo conversé mucho con él, entre otras cosas le presté un libro de Gandhi que tenía y no pudo devolvérmelo porque en esos días me sacaron y me trasladaron con Ingrid y Clara a otra zona que quedaba lejísimos, a más de ocho horas navegando por el río Yarí.

Pero mis enfermedades apenabas comenzaban. En diciembre del 2003 se me presentó la primera crisis diabética, que me repitió en diciembre del 2004. Me habían separado de la mayoría de los políticos. El grupo estaba formado por Ingrid Betancourt, ocho militares y policías, y yo. La noche de la segunda crisis, que no fue tan fuerte como la primera, fue Ingrid la que reaccionó inmediatamente dándome azúcar. Perdí la memoria uno o dos días y me di un golpe en la cabeza con la caída. Me salió un turupe en la parte de atrás de la cabeza, y un día que estaba oyendo un programa radial que hablaba de la diabetes, oí que se podían presentar problemas de agua en el cerebro, una especie de hidrocefalia. Pero en realidad no era eso, era sólo un chichón que fue disminuyendo y yo fui recuperando mis funciones intelectuales. Pero haber perdido la memoria me afectó mucho en ese momento, quedé muy disminuido. Yo creo que en esos días perdí por lo menos diez kilos, de un solo bajonazo, fue impresionante. Quedé demacrado y empecé un proceso de recuperación muy lento. Tenía pérdida parcial de memoria, sobre todo a largo plazo. Ingrid me enseñó unos ejercicios buenísimos para recuperarla, pero en ese momento me fastidiaban porque cada minuto, cada segundo me preguntaba que si me acordaba de esto, que cómo era aquello, etc. Por ejemplo, yo le había contado que lo único que cocinaba mi mamá en todo el año era la cena del 24 de diciembre, unos tamales tolimenses deliciosos, pues ella era del Tolima, y ésa era su única labor. Entonces me preguntaba: «¿Qué prepara su mamá en Navidad?». Yo no tenía ni idea, con esos vacíos de memoria le contesté que pavo, arroz con pollo, cualquier cosa que se me ocurría, buñuelos, natilla, pero no me acordaba de los tamales. Sólo hasta cuando le dije que cocinaba tamales tolimenses supimos que estaba empezando a recuperar la memoria. Pero en algún momento no recordaba absolutamente nada.

Ingrid también me cuidaba porque yo quedé en unas condiciones en las que no podía ni moverme. Me llevaba la comida a mi caleta, me lavaba la ropa, porque yo físicamente no podía. Son gestos que le agradezco en el alma. Creo que somos varios lo que le debemos su dedicación: por ejemplo, a Jorge Eduardo Gechem, que tuvo problemas de salud bastante complicados (se le presentaron problemas serios de corazón, creíamos que eran preinfartos, pero parece que eran anginas de pecho muy fuertes), le daba masajes de pecho y todo lo correspondiente a una reanimación. Además, se quedaba a su lado por largas horas, asistiéndolo, acompañándolo, apoyándolo, estimulándolo, no dejándolo decaer.

Yo no habría salido de la crisis diabética si la reacción de Ingrid no hubiera sido inmediata; me habría descerebrado. Les había dicho a ella y a todos los compañeros que yo presentaba estos cuadros de diabetes, incluso llevaba el carné que indica qué hay que hacer en caso de presentarse un cuadro de esos: hay que administrar inmediatamente algo de azúcar. El carné dice: *Intoxicación: azúcar o dulce deben ser colocados en la boca. Síntomas del insulinismo: temblor, sudación, debilidad, somnolencia, como primeros síntomas. Y después convulsiones, inconsciencia o pérdida de la memoria.* Y a mí me dieron todos estos síntomas, no faltó uno. Entonces ésa es una deuda que tengo con Ingrid, porque si ella no reacciona, quedo como un vegetal. Literalmente le debo la vida. Incluso ella cargaba azúcar en su bolsillo por si acaso algo me pasaba, y yo procuraba hacer lo mismo, y los compañeros de cautiverio estaban avisados. A los guerrilleros también les había comentado pero no les importó, ni tampoco me dieron las drogas que solicité en dos oportunidades. Un día me llegó un glucómetro para hacerme la medición diaria del azúcar, era la época del comandante «Gafas» y él decidió quitármelo. Sólo me dejaron tenerlo cuatro o cinco días.

Los guerrilleros no acudieron a ayudarme. No hicieron nada y actuaron con total frialdad e indiferencia. Miraban entre las rejas y simplemente alumbraban. Porque ocurrió como a las siete de la noche. Eso me contó Ingrid, porque yo duré inconsciente de quince a veinte minutos. Finalmente apareció el enfermero, miró con una linterna, pero ya me habían reanimado. A los dos o tres días Martín Sombra me sacó y me dijo que él me iba a curar dándome sopa de culebra. Ésa era su teoría: con sopa de tigre o caldo de culebra todo se soluciona. Yo creo que sí me tomé la sopa de culebra, no lo recuerdo bien por los baches de memoria que tuve.

Cuando Jorge Eduardo Gechem estuvo tan mal del corazón, lo recluyeron en un cuartito, una supuesta enfermería, un poco retirado de nuestro campamento. Quedaba en el campamento de los guerrilleros y le daban sopa de culebra o de tigre para curarlo. De manera que, la verdad, cero asistencia. Si fuera por ellos todos estaríamos muertos.

La enfermedad más impresionante que tuve fue el «pito». Si no se ataca a tiempo es mortal, porque se lo come a uno, de pies a cabeza. La gente en la selva le tiene mucho miedo porque es difícil conseguir la droga. Esas inyecciones no eras dolorosas, pero producían un dolor de cabeza insoportable, y otras consecuencias: sentí mucho dolor en las articulaciones. La dosis normal de inyecciones es entre sesenta y ochenta, pero, como no me cicatrizaba, tuvieron que aplicarme doscientas inyecciones, casi el triple de lo normal. En esta enfermedad Ingrid también hizo las veces de enfermera, pues me aplicó la mayoría de las inyecciones que necesité. En realidad, era la enfermera del grupo. No las aplicaba muy bien porque varias veces me dejó las nalgas bien averiadas, pero lo hacía de muy buena voluntad; pero creo que el que le enseñó a ponerlas se equivocó por lo menos en dos o tres centímetros del sitio exacto donde deben ponerse.

La inyección no se aplicaba en su totalidad, sino que se dejaba un remanente. Se utilizaba un poquito que infiltraban directamente en el sitio donde estaba la llaga. Esas infiltraciones sí eran muy dolorosas. Si no, que lo digan Orlando Beltrán o Jorge Eduardo Gechem. A mí no pudieron hacerme esas infiltraciones por el peligro que representaba el sitio donde se me había presentado la leishmaniasis, justo en el lugar donde el flujo venoso es tan significativo, en plena sien. También por eso se demoró mucho el tratamiento.

A mediados del mes de octubre del 2006 nos sacaron del campamento base y nos llevaron a un sitio que quedaba a una hora caminando, a un campamento transitorio. Allí los guerrilleros estaban limpiando unos potreros, imagino que para sembrar coca. Era una tarea usual de los que no tenían funciones específicas, como la de vigilarnos o de rancha o de alguna otra cosa; los enviaban a hacer desmontes en algunas zonas cercanas de los campamentos, a media hora, una hora, llevaban motosierra, los elementos necesarios.

Un día estaba conversando con Ingrid, eran alrededor de las siete de la mañana, y de un momento a otro empecé a sentir que me ahogaba, sentía una fatiga rarísima, angustia y dolor en el estómago, pero no era el malestar típico de la gastritis o de la úlcera que curábamos con pastillas de Milanta, cuando había. Era algo más fuerte. Ingrid salió corriendo a llamar a William Pérez, cabo del Ejército, guajiro, un muchacho secuestrado que sabe bastante de medicina pues hizo un curso de enfermería en el Hospital Militar y es muy estudioso. Se la pasaba estudiando con cualquier libro que le facilitaran, un muchacho muy serio. Le expliqué: «Hombre, me siento mal, siento unos dolores muy fuertes en el brazo que me van subiendo por la parte de acá de la garganta». Creo que los tres nos dimos cuenta al mismo tiempo de que se trataba de un infarto. William me acostó y comencé a sentir dolores supremamente fuertes, como golpetazos en el pecho. Él empezó a hacerme los masajes correspondientes y así logré recuperarme un poco. Después del susto me enseñó unos ejercicios de respiración. Me pasaba una cosa muy rara: la mano se me doblaba, sola y completamente, cuando tenía el brazo extendido. Pinchao me ayudó a rehabilitarme, a que no se me torciera la mano, sentía que no tenía mano... estaba totalmente volteada. Para el infarto la guerrilla me dio una pastilla de Aspirina.

Bueno, tuvieron la gentileza de cortar unas palmas para que me hiciera una especie de colchoncito y tener un poquito de comodidad. Ahí estuve tendido en el piso como quince o veinte días, sin poder levantarme. Estaba muy débil y cualquier movimiento que hacía me producía dolor. Pero poco a poco fui recuperándome.

Nuevamente Ingrid fue mi paño de lágrimas y mi hada madrina, porque se preocupó por mi comida, por el lavado de mi ropa, por mi higiene, ella traía los timbos de agua, porque ni en eso hubo solidaridad alguna de parte de la guerrilla. Ella cargaba sola los timbos porque nadie le ayudaba, nadie. Eso fue un poquito triste. Creo que el único que la ayudó fue Pinchao. Y no lo digo en forma de reclamo, fueron las circunstancias en que sucedió. El agua la traía de una quebrada que quedaba a unos cien metros. Para mí era una distancia inmensa pues requería reposo total.

Con el infarto también quedó lesionada mi situación anímica, porque yo me ufanaba siempre de no tener problemas cardíacos, y eso para mí fue un golpe anímico tremendo, entender que tenía un problema cardíaco y comprender que por las circunstancias iba a ser muy difícil superarlo. Me angustiaba mucho esa situación.

Para completar, como a los quince días del infarto, cuando apenas me estaba recuperando, nos pusieron a caminar pues la guerrilla decidió devolvernos al campamento base. En la caminata sentí mucha fatiga, y eso que no tuve que cargar mi equipo, pues la guerrilla los mandó todos por lancha.

En ese campamento me recuperé rápido, al mes ya estaba volviendo a hacer mis ejercicios con mayor disciplina e intensidad que antes. Además dejé el cigarrillo, yo hasta ese momento fumaba bastante. No sólo los míos sino los de Ingrid, los de Pinchao, los que me daban los norteamericanos, pues ellos no fumaban. Entonces terminaba fumándome la dote de cuatro o cinco de los compañeros de secuestro, que no era mucha porque era menos de un paquetico para la semana o para cada quince días, de manera que dos o tres paqueticos para un vicioso no son nada, pero era muchísimo para las circunstancias.

Una pequeña ampolla, un susto terrible

La libertad de los integrantes de nuestro grupo no estaba en proceso como sí estaba la de Clara Rojas y Consuelo González de Perdomo. Nosotros empezamos a marchar el 28 de diciembre del 2007, obedeciendo a cambios estratégicos de la guerrilla, no a nada diferente. El grupo estaba comandado por Enrique «Gafas» y lo conformaban: el grupo en el que estaba Ingrid, el grupo de los cuatro militares en el que había estado el capitán Guevara (que murió en cautiverio cuando empezamos a marchar) y el grupo en el que estaba yo.

En esa marcha me salió una ampolla en un pie, una ampolla normal, de las que salen por la caminata. En un descanso empecé a quitarme el cuerito. Esto fue un error, pues lo que debí hacer fue abrir un huequito con una aguja para dejar que fluyera el agua y drenara, para que fuera secándose. Pero nunca quitarme el cuero. Me puse a jugar con el cuerito y al arrancármelo salió pegado un pedacito de carne.

Bueno, pues por ser diabético esto fue gravísimo porque no me cicatrizaba y la ampolla empezó a podrirse. Cuando me di cuenta ni siquiera podía poner el pie en el piso, no podía del dolor, y cuando me revisaron la encontraron absolutamente podrida. Entonces escuché a los enfermeros de la guerrilla decir que la solución era amputarme el pie porque temían que se estuviera gangrenando. Eso ocurrió quince días antes de mi liberación. Entonces llamaron al enfermero William Pérez, que estaba en el grupo de Ingrid, lo trajeron, y él me abrió con bisturí, y empezó a punzar con unas agujas, obviamente sin anestesia, entre otras cosas porque no se puede aplicar cuando hay una inflamación de esa naturaleza, y en las condiciones en que estaba el pie ni efecto iba a tener. Abrió y empezó a extraer materia y más materia. Cuando terminó yo estaba exhausto, pero les recomendó que no me amputaran el pie.

Lo único bueno de la ampolla fue que me moviliza-
ron en lancha porque no podía caminar; a todos los demás les tocó a pie. Cuando arranqué en la marcha de la
libertad, algunos trayectos los hice en mula pues yo todavía estaba muy resentido, no podía caminar muy bien,
y ahí sí hicieron todo el esfuerzo pues ya me traían para
soltarme. Apenas hoy me estoy recuperando totalmente
de ese pie, pero todavía no del susto.

Ingrid Betancourt

Ingrid Betancourt es una persona que genera muchísimas envidias. En alguna ocasión me contó que ése era uno de sus karmas desde el colegio, por supuesto en la universidad, en su vida profesional y hasta en la vida política. En el Congreso éramos simples conocidos. Ciertas actitudes de ella generaban rechazo como, por ejemplo, decir que todos los congresistas éramos corruptos. Sus afirmaciones eran absolutamente radicales y ese radicalismo rayó en posiciones que podían entenderse como arrogantes, que generaron de alguna manera resistencia. Así la veía yo en el Congreso, debo confesarlo, y así se lo dije: «Es que su error es pensar que todo el mundo es corrupto, que todos estuvimos involucrados en el Proceso 8.000, que todos recibimos plata de los señores Rodríguez Orejuela», y eso no era así. En el Congreso hay actitudes pasivas y hay posiciones proactivas, sí, pero eso no quiere decir que uno sea cómplice o complaciente con lo que pudiera haber estado sucediendo. Y ella cometía ese error de prejuzgar a todo el mundo y de generalizar, y eso generó un rechazo en el Congreso.

Ese karma ni siquiera el secuestro se lo ha podido quitar. Empezando porque el noventa por ciento de las noticias que siempre se escuchaban sobre el secuestro eran sobre ella, como si los demás no existiéramos. Esto era molesto para algunos, aunque la exposición mediática para un secuestrado aumenta su valor frente a la guerrilla y dificulta su liberación. Otra circunstancia que sin duda generaba mucho malestar contra Ingrid era que de Yolanda Pulecio era el primer mensaje que se emitía por la radio, entonces algunas de las otras familias se quedaban sin espacio para dar sus mensajes o de últimas (a mí no me generaba malestar para nada, debo hacer la aclaración). Y muchos comentaban: «¿Por qué ella tiene el privilegio de ser la primera si todos estamos en las mismas condiciones?». O también: «El presidente Sarkozy, o Dominique de Villepin, de Francia, piden su liberación, ¿los demás no importamos?».

Otra de las razones principales es que Ingrid era mejor en muchos aspectos. De una familia privilegiada (no tanto en el aspecto económico sino más que todo por su influencia en la sociedad, tanto por el lado de su padre como de su madre), con una educación y una cultura excelentes, una mujer segura, inteligente, agradable. Además, era la que hacía más ejercicio y ¡qué ejercicios! Alzaba pesas, hacía barras, hacía abdominales, quinientas o seiscientas… Lo dejaba por un tiempo cuando se enfermaba, pero cuando su hígado se calmaba, retomaba. Los militares hacían como máximo doscientos abdominales, yo quince o veinte. Los norteamericanos hacían bastante ejercicio pero nunca como ella, ¡era increíble! Eso generó envidia y rabia; algunos de los políticos aprendimos estos ejercicios, pero otros se resistían a aprender. Entre otras cosas ella fue instructora de aeróbicos cuando su primer esposo, Fabrice, era diplomático en Quito; allá montó un gimnasio, en el Hotel Quito, si mal no recuerdo. Ingrid sabía enseñar, pero la envidia hacía que algunos no quisieran aprovechar esto. Sí hubo quienes trataron de copiar sus ejercicios, pero se les notaba la rabia y el resentimiento en las miradas.

Me parece que los guerrilleros sentían admiración por sus condiciones físicas. Tenía a más de uno perplejo en la guerrilla, algunos le echaban piropos, de pronto un poco subidos de tono. Con las guerrilleras era distinto, le profesaban envidia, primero porque el Mono Jojoy le hizo llegar unas cosas para su cuidado personal, y en otras oportunidades recibió cremas para la cara y para el cuerpo, antisolares, cosas mínimas que ella solicitaba para no deteriorarse y mantenerse lo mejor posible, y, segundo, porque las guerrilleras que estaban con nosotros eran bastante robustas, con cuerpos desproporcionados para la edad. El de ella en cambio es esbelto, bien trabajado físicamente.

Ingrid tiene una memoria prodigiosa, es una mujer de mundo, ha viajado por todas partes. Habla francés y lo escribe mejor que el español, sus libros los hizo en francés y su hermana Astrid se los tradujo al español, la verdad es que piensa en francés. También habla inglés, perfecto, y entiende italiano y portugués. Se refiere con propiedad a África, porque la conoce y vivió en las islas Seychelles, ha viajado por Australia, Nueva Zelanda, donde estuvieron viviendo sus hijos en la época en que tuvo que sacarlos por las amenazas del Proceso 8.000. Habla de China, de Asia en general, de Europa, de Estados Unidos. Entre otras cosas éste era un tema de conversación que disfrutábamos cuando las circunstancias y el tiempo nos lo posibilitaban, pues los dos y otros secuestrados más habíamos tenido la oportunidad de conocer el mundo. Era placentero, creo yo, recurrir a las memorias de lugares hermosos y tiempos mejores, esto nos dejaba quizás ser, por algunos breves instantes de tiempo, libres. Lo cierto es que con todo ese bagaje intelectual Ingrid generó más recelos que admiración. Cualquier comentario que ella hacía en relación con la actualidad y sobre todo sobre el tema del acuerdo humanitario generaba polémica (tenía unos puntos de vista controversiales, pero las respuestas de los demás tenían más sentimientos primarios y grosería que ideas). Al drama de estar secuestrado se sumó, entonces, un ambiente tenso que no le ayudaba a nadie. Se hizo más que insoportable la situación para Ingrid, para sus amigos y para cualquiera que tuviera la más mínima relación con ella. Todavía peor para los que en algunas ocasiones tuvimos que defenderla, como Pinchao, Marc Gonçalves y yo. ¡Si algunos militares y policías llegaron hasta a pegarle a Pinchao por ser amigo de Ingrid y por ser amigo mío! ¡Qué barbaridad!

A cualquiera que fuera amigo de los políticos y particularmente de Ingrid, si les preguntaba algo o si le daban clases de francés o de inglés, automáticamente se ganaba la enemistad de los demás. Era algo increíble, increíble, pero al final, creo que había algunos interesados en ella y les daba rabia porque era de alguna manera inalcanzable. El odio convertido en amor o el amor convertido en odio. Y además por su temperamento, ella siempre se hizo respetar. Hubo un oficial que trató de tocarle las nalgas y ella casi lo contramata de una patada, ella no se deja irrespetar.

Sin duda había una especie de «lucha de clases», por diferencias culturales y sociales. Así que el infierno del secuestro se le convirtió a Ingrid en un infierno mucho mayor, en un suplicio terrible pues algunos comandantes azuzaban a los otros: «Mírela, ahí está la oligarquita, ahí está la burguesa, la nacida en cuna de oro; que se unte de pueblo, que vaya y cague allá en un hueco, que vaya y orine en un palo, aquí no le vamos a dar ni langostinos, ni camarones, que coma la comida del pueblo». Y eso, por supuesto, generó un resentimiento por parte de los guerrilleros y también de los propios cautivos, no todos, claro está, pero hubo pocas excepciones.

La convivencia obligada con personas tan disímiles, durante las veinticuatro horas de todos los días, de todas las semanas, de todos los meses, de muchos años, se complicaba por las razones más triviales, más insignificantes: a quién le sirvieron más arroz, o los que repetían sólo porque alguien más quería repetir (esto le pasaba a Ingrid con la colada, a ella le encantaba y había gente que repetía sólo para que ella no pudiera comer más). Muy difícil, por decir lo menos.

Por eso aproveché cuando íbamos en el helicóptero, rumbo a Caracas, ya libres, para comentarle al ministro Rodríguez Chacín la situación en que nos encontrábamos en cautiverio. Él es una de las personas, sin duda, más allegadas a la guerrilla y respetado por ellos. Lo impresionó mucho lo que le contaba, o por lo menos ésa fue mi sensación, me dijo que él había estado en varias oportunidades en campamentos guerrilleros cuando existía la zona de distensión y que nunca había visto situaciones de ésas. Entonces le dije: «Claro, y seguramente le han dicho absolutamente lo contrario, que estábamos en unas condiciones muchísimo mejores, pero la verdad es que permanecíamos encadenados las veinticuatro horas», y seguí comentándole todo lo que había sucedido, cómo era ese entorno y en especial cómo estaba sufriendo Ingrid. Se impresionó y cuando llegamos a Miraflores, después del recibimiento formal, me retiré a solicitud del ministro Rodríguez Chacín con el presidente Chávez para comentarle a él también la situación, y el presidente hizo inmediatamente un llamado a la guerrilla: «Marulanda, te solicito, te pido que cambies a Ingrid, acércala a donde tú estás para que esté en mejores condiciones». Quedaron muy impresionados por las circunstancias tan difíciles de ella. Ojalá hoy en día estas condiciones hayan mejorado. No lo sabemos, pero ojalá.

Circunstancias en que secuestraron a Ingrid

Las circunstancias que rodearon su secuestro son bastante particulares y la razón por la que Ingrid decidió ir a San Vicente del Caguán tiene raíces de fondo que ella contará a su debido tiempo. Pero lo que sí es cierto es que obedeció a unas convicciones profundas y no fue el producto de una irresponsabilidad de su parte.

Ella viajó a Florencia y alquiló una avioneta. La acompañaron en el viaje algunos miembros de su campaña, entre ellos Clara Rojas y Adair Lamprea. En el aeropuerto de Florencia, los mandos militares le dijeron que la avioneta no podía desplazarse a San Vicente del Caguán porque el aeropuerto no estaba habilitado para ese tipo de vuelos, y que había una restricción, entre otras cosas, porque el presidente de la República llegaba a las pocas horas acompañado de un grupo de cien periodistas, la mayoría corresponsales extranjeros (Andrés Pastrana iba a mostrarles que ya había recuperado el casco urbano, porque nunca recuperó el resto del municipio), pero que a ella podían llevarla en uno de los helicópteros militares. Efectivamente llegaron los periodistas a Florencia y empezaron a trasladarlos a la zona en los diferentes helicópteros. Ella solicitó al cabo de varias horas que le dijeran en cuál helicóptero la iban a trasladar (a sus acompañantes y a ella, o por lo menos a ella con alguien más), y empezaron a decirle que en el próximo, que en el próximo, que en el próximo… Hasta que salió el último helicóptero y no la llevaron. En ese momento aterrizó el avión del presidente Pastrana, entonces ella trató de hablar con él pero ni la determinó. Salió el presidente Pastrana para San Vicente y ella se quedó, y al pedir explicaciones tampoco se las dieron, entonces solicitó que le dieran carros blindados para poder trasladarse por tierra. En ese momento los escoltas que ella tenía, tanto de la Policía como del DAS, recibieron órdenes desde Bogotá de que no podían acompañarla, y no lo hicieron. Por esa razón ella asumió valientemente el reto de irse sola, porque les había prometido al alcalde y a la población de San Vicente que iría.

Ella había estado días antes con la guerrilla, en un ejercicio de los candidatos presidenciales, y se había comprometido con la población de San Vicente del Caguán y con su alcalde, que entre otras cosas era el único alcalde que pertenecía a su movimiento político Verde Oxígeno. Ella les había dicho que estaría siempre en las buenas y en las malas. Justamente hacía tres días el Gobierno había roto los diálogos del Caguán y el Ejército trató de retomar la zona. Entonces se suponía que venía una represión por parte de la guerrilla o los paramilitares a la población civil, que al final sería la que sufriría todas las consecuencias de la situación. Y ella había asumido el compromiso de que así como iba a visitarlos en las buenas, también iba a estar muy atenta en los momentos difíciles, en las horas difíciles para ellos. Por esta razón tomó la determinación de ir de la forma que fuera, en este caso arriesgadísima. Supuso que la iban a llevar en helicóptero como le habían prometido (duró cinco horas en el aeropuerto de Florencia para que la embarcaran), pero la engañaron. Además, no le permitieron viajar en la avioneta que ella había alquilado. El presidente Pastrana se hizo el indiferente y hasta a los escoltas les prohibieron acompañarla, por eso ella asumió el riesgo y salió por tierra. Increíble, el carro que le dieron no era blindado, era una camioneta que le dejaron en el aeropuerto. Ella arrancó con Clara Rojas, con Adair Lamprea, asesor administrativo de la campaña, quien iba manejando, y con uno o dos camarógrafos franceses. Iban sin ningún tipo de protección, porque recibieron orden estricta de Bogotá de que no la acompañaran. Se supone que los escoltas están para cuidar en circunstancias de peligro. Además, el Gobierno, el general Tapias, ya había anunciado tres días antes que en veinticuatro horas recuperaría la zona. Ésa es la irresponsabilidad del Gobierno, y es por lo que el gobierno de Pastrana tendrá algún día que responder ante la justicia penal internacional o ante la propia justicia nacional, porque engañó al país.

En cautiverio, yo escuché al general Tapias cuando decía que en veinticuatro horas recuperaban la zona, que asumía este reto ante el país. ¿La recuperaron? Parece que no, en esa zona la guerrilla sigue siendo dueña y señora, si no que lo digan los secuestrados. El caso es que tres días después (el rompimiento de los diálogos se produjo el 20 de febrero y estoy hablando del 23), hacen todo el *show* y llevan a cien periodistas para demostrarle al mundo que ya habían recuperado la zona. A dos horas de San Vicente, en la única carretera que existe y que estaba infestada de guerrilla, secuestran a Ingrid Betancourt. ¿Ésa era la recuperación, ése era el compromiso de las Fuerzas Armadas?

Ella confió en ese proceso, pues habían traído a muchísimos periodistas para que constataran que habían recuperado la región, pero lo único que habían recuperado era el casco urbano. Pero además de que no habían recuperado la zona, de que era mentira, no la dejaron usar la avioneta que ella había contratado, le quitaron la escolta, le dieron un carro sin blindar, después de hacerla esperar cinco horas con la promesa de llevarla en un helicóptero. Ni siquiera le advirtieron que era una carretera peligrosa, al contrario, le dijeron que había un flujo permanente, que hasta habían pasado el obispo de San Vicente del Caguán y una serie de personas, ¡que no había ningún problema en la vía!

De todas maneras, ella le pone a la camioneta unas banderas blancas como señal de paz, iba en misión de paz, iba a cumplir un compromiso moral que ella había adquirido con la población de San Vicente del Caguán. Y la secuestraron.

A ella la engañaron, no fue temeridad ni irresponsabilidad. Así no se define cuando uno cumple lo mejor que puede un compromiso moral con una zona y una población tan desprotegidas, esto se llama ser consecuente.

Lo que más le duele a Ingrid, y lo sé porque me lo dijo, es haber perdido a su padre, haberle causado tanto dolor a su familia, a su mamá particularmente, a sus hijos, por supuesto. La muerte de su papá la afectó mucho pues cree que la noticia de su secuestro y la preocupación que esto implicó agravó su salud y, bueno, haberlo perdido estando allá en esas circunstancias... Eso es lo que yo siempre noté en sus expresiones y en sus comentarios. Una especie de sentimiento de culpa, el mismo que tengo yo con mi familia por todo el sufrimiento que les causé a mi esposa y a mis hijos, como también lo tengo con mi madre por no haber podido despedirme en sus últimos momentos: ella murió mientras yo estaba secuestrado, como nos pasó a muchos.

Primer año de su cautiverio

Para ella fue muy difícil. En el momento mismo de la captura, cuando la bajan del carro, un guerrillero pisó una mina quiebrapatas que le voló la pierna. La impresión, el susto, el charco de sangre y la confusión fueron terribles. Ingrid quedó con el trauma de ver la tragedia de ese guerrillero, ellos mismos habían colocado la mina para el retén. Después se las llevan a un campamento en donde Ingrid pudo enviar un fax al papá diciéndole lo que estaba sucediendo y pidiéndole tranquilidad, que ella iba a ver cómo se resolvían las cosas.

Los guerrilleros obligaron a Clara Rojas a subirse a la camioneta, no fue un acto de solidaridad, la subieron a la fuerza. Dejaron que el resto de la comitiva se fuera.

Ellas trabajaban juntas pero no tenían la trayectoria de una gran amistad. Mi percepción es que tuvieron una «amistad laboral» y pare de contar. Se habían conocido en el Ministerio de Comercio Exterior, Clara trabajaba allá e Ingrid era asesora de Juan Manuel Santos, en la época en que él era el ministro. Trabajaron temas comunes. Cuando Ingrid se retiró del Ministerio para lanzarse a la Cámara, Clara le hizo el segundo renglón. Ella le había dicho que la ayudaba y la acompañaba en la campaña, pero en los cuatro años que Ingrid ocupó la curul, Clara sólo la ayudó a recopilar el material necesario para la intervención en la época del Proceso 8.000, para la exposición que hizo cada uno de los representantes. Posteriormente, Ingrid se lanzó al Senado ya con fuerza política, con su propio movimiento, y obtuvo la mayor votación al Senado de la República de todas las listas del país. Después, cuando decidió lanzarse a la Presidencia de la República, un buen día apareció Clara en su oficina, le manifestó que había dejado de trabajar en el Ministerio, y empezó a colaborarle en la campaña, en la parte administrativa. Clara se convirtió en la asistente administrativa de la campaña.

Al principio del secuestro hubo camaradería entre ellas, pero muy pronto empezó el malestar y las diferencias se agudizaron con el paso del tiempo. Dormían las dos en una misma caleta, entonces surgieron los roces normales de una convivencia obligada y en las peores circunstancias. Naturalmente, cuando empezó la convivencia, surgieron todo tipo de problemas, de inquietudes, de malestares. En cierto grado, Clara culpaba a Ingrid por lo que le había sucedido. La convivencia se volvió tan insoportable que Ingrid aprovechó la visita de Joaquín Gómez para plantearle la situación tan desesperante que estaban viviendo. Él les mandó a construir a cada una como una especie de «casita» independiente, y así permanecieron los últimos meses antes del encuentro conmigo.

El encuentro con Ingrid y Clara

Eran las cinco de la mañana del 22 de agosto del 2003 y estábamos a orillas del río Yarí. Primero vi una figura conocida y luego me di cuenta de que era Ingrid Betancourt. Me acerqué corriendo, con mucha alegría, hacía dos años que no veía a nadie distinto a los guerrilleros que, por cierto, tenían órdenes de hablarme lo mínimo. Yo la conocía pues habíamos sido compañeros en el Senado, éramos simples conocidos y, sin embargo, me saludó de una forma muy afectuosa. Al principio no me reconoció, estaba muchísimo más delgado, el pelo largo y con barba, pero cuando me presenté fue aún más amable; y comenzamos a llorar. Al minuto vi a Clara Rojas. Yo me acerqué a saludarla: «Me imagino que tú eres Clarita», y cuando iba a darle un beso me respondió: «No, a mí no me diga Clarita, dígame Clara», y me dio la mano. En circunstancias de ésas lo mínimo que esperaba era un abrazo, solidaridad, estábamos viviendo una tragedia. No hubo química.

Después del encuentro me contaron que estaban ansiosas y felices porque las iban a liberar. Que en la noche anterior las habían reunido para decirles que se iban para la libertad, les habían hecho despedida y les habían servido un whisky. «Nosotras nos vamos, nos hicieron la despedida y nos vamos. ¡Ah!, como usted está enfermo (porque yo estaba convaleciente de la parálisis del riñón), por eso nos reunieron, para liberarlo con nosotras». Yo traté de creerles, al principio, pero a mí me habían dicho lo contrario, que nos iban a unir con todos los demás secuestrados en un campamento, como efectivamente sucedió. Pero ellas tenían la ilusión y estaban absolutamente convencidas de que ya íbamos directo a la libertad. Era el 2003, faltaba mucho.

Era imposible que me hubieran hecho vivir semejante odisea desde Nariño para simplemente liberarme ahí, para eso me hubieran liberado en cualquier lugar. Ellos me habían dicho que tenían órdenes de los altos mandos de llevarme hasta la zona del Caguán para unirme con el resto de los secuestrados. Al poco tiempo nos subieron a una lancha y empezamos un viaje como de ocho horas, bajando por el río Yarí. En todo ese trayecto conversé con Ingrid y le conté todo lo que sabía en relación con la muerte de su padre, en general todo lo que había oído por radio. Pero ya en ese momento noté algo raro entre ellas, comenzando porque me hicieron sentar en la mitad, entre las dos. Cuando llegamos a acampar, el comandante nos dio media hora para bañarnos. Allá lo normal es bañarse juntos, hombres y mujeres, y en ropa interior. El pudor no era prioridad, menos para la guerrilla, el que tuviera gordos, que no eran muchos, pues tenía que mostrárselos a todo el mundo. Pero ellas no querían bañarse juntas, no querían sentarse a comer juntas. Mejor dicho, me volví el jamón del sánduche.

Finalmente le pregunté a Ingrid: «Bueno, pero qué es lo que pasa, por qué no me cuentas qué es lo que pasa, porque yo estoy aquí en una situación muy incómoda en medio de las dos». Ella me explicó algunas cosas, que no cuento pues no me corresponde hacerlo. De todas maneras, en algunas oportunidades hice el esfuerzo de mejorar la relación con Clara, pero no fue posible. Ella nunca lo permitió. De manera que de ese tamaño quedó el asunto.

Más adelante ellas tuvieron conciencia de que no las iban a liberar. Pues tuvimos la visita del Mono Jojoy y le habíamos hecho una lista de cosas que necesitábamos. Ingrid hizo una muy larga, pero, claro, ella pensaba que no le iban a mandar nada porque muy pronto la iban a liberar. Pero al poco tiempo, a los pocos días, le llegó todo, incluso más cosas. Y, claro, la decepción y la frustración por el engaño fueron muy grandes. El mensaje era que el asunto iba para largo.

Emmanuel

Clara quería tener un hijo y con cuarenta años el reloj biológico no daba espera. Al parecer, ella le solicitó a Joaquín Gómez autorización para tener relaciones sexuales. No sé qué pasó, si le dio el beneplácito o no, pero Ingrid me comentó que a Clara le llegó después, de regalo, una caja de preservativos.

Cuando me encontré con ellas, Clara ya estaba embarazada pero sólo nos enteramos del embarazo cuando llevaba seis meses de gestación, Ingrid fue la primera en saber. Yo llegué a ese campamento el 22 de agosto del 2003 y ella lo comentó a mediados de diciembre, y el 17 de abril nació Emmanuel.

Nadie se dio cuenta de que Clara estaba embarazada porque la barriguita no se le notaba, para nada, y ella hacía sus ejercicios y comía normalmente, nunca presentó síntomas propios de un embarazo como el vómito y esas cosas. Los guerrilleros tampoco se dieron cuenta. Hasta que un buen día de diciembre, en el campamento de Martín Sombra, ella se acercó a Ingrid, con quien ya no tenía ningún tipo de relación, ni siquiera se saludaban, y le contó. Para todos fue muy extraño que se sentaran a hablar y mirábamos con extrañeza la situación. Clara le dijo: «Tengo que contarte algo». Ingrid recibió la noticia con mucha alegría. Aunque Clara ya llevaba seis meses de gestación, tenía dudas y le había solicitado a Martín Sombra una prueba de embarazo.

Después ella me llamó y delante de Clara me contó: «Mire, Luis Eladio, es que hay una noticia, Clara está embarazada». «¿Cómo así?» Yo no sentí felicidad alguna pues me pareció un acto de irresponsabilidad enorme, en semejantes circunstancias, en un secuestro, en la selva, en esas condiciones, traer al mundo a un bebé a sufrir. ¡Y cómo ha sufrido ese niño! Cuando nació le fracturaron un bracito, después pasó de hogar en hogar, de mano en mano. Es una apreciación, por supuesto, personal. No es que no me alegrara la llegada de una vida nueva al mundo, ni mucho menos, lo que pasa quizás es que como junto con Ángela, mi esposa, sufrimos la pérdida de nuestro primer hijo Luis Fernando cuando tenía tan sólo un añito y ocho meses pues yo me volví supremamente sensible ante los niños, y pensar que van a pasar necesidades o malos ratos es algo que me martiriza de manera profunda y me llena de impotencia. Tal vez la misma que sentí al no poder ayudar a mi hijo a vivir a pesar de haberle dado toda la atención médica que se requirió en su momento. Imagínese ahora las necesidades de un niño en la selva, en ese maltrato en el que nos encontrábamos. No sé, lo cierto era que no quería que Emmanuel sufriera.

Ingrid sí se alegró, le afloró todo su sentimiento maternal: la aconsejó, la ayudó, le dio ánimo, empezó a coser cositas para el bebé. En cambio, a otras personas no les causó ninguna gracia, especialmente a los estadounidenses, quienes no entendían cómo, en semejantes circunstancias, se había hecho embarazar, y hasta le hacían comentarios desagradables. Fue un momento difícil pero también hubo un sentimiento de colaboración: Orlando Beltrán le dio la parte de abajo del camarote en el que dormían y se le brindaron unas mínimas comodidades. Pero a la inmensa mayoría no le cayó bien el hecho de que hubiera quedado embarazada y eso agravó más la tirantez en el campamento. Martín Sombra tomó la determinación de aislar a Clara, desde enero o febrero hasta mayo, un mes después del nacimiento, mientras se recuperaba un poco de semejante parto.

Nosotros nos dimos cuenta de que ya había nacido por el llanto del bebé, y ya después nos contaron los detalles, y lo llevaron al campamento para que lo conociéramos. En ese momento nos dimos cuenta de la fractura: nosotros lo consentíamos, lo cambiábamos, se nos orinaba encima, lo «chocholeábamos». Se convirtió en un factor de alegría, pero también de tristeza porque el niño tenía una mirada fija, siempre la tenía en el horizonte, le hacíamos señas y movimientos para ver si reaccionaba pero nada. Al principio pensamos que estaba ciego y después nos enteramos de que lo dopaban con una droga por el dolor del bracito. El niño lloraba día y noche por el dolor de ese brazo partido.

A Clara la separaron del niño y se lo confiaron a una guerrillera para que lo asistiera. Una vez trató de botarse por la malla para ver al niño, la guerrillera no le permitía que ella lo tocara, se lo mostraba solamente desde la reja, por cinco o diez minutos y no más.

La guerrilla tomó finalmente la decisión de sacar al niño del campamento, después de una marcha, porque se convirtió en un riesgo y en un peligro para todos. De eso me enteré después, porque al finalizar la marcha nos separaron. Pero en esa caminata lo llevaba una guerrillera que le había hecho un canguro, iba con su sombrerito, gordísimo, saludando y muerto de la risa con todos nosotros, tendría por ahí unos seis o siete meses y estaba lo más bonito, yo tengo todavía esa imagen, fue la última vez que lo vi porque nos separaron: a Ingrid y a mí con los ocho militares y policías, a Clara con los otros políticos, y a los tres norteamericanos los llevaron por otro lado.

Lo que pasó después lo supe a través de la radio el 31 de diciembre del 2007, cuando el presidente hizo el anuncio desde Villavicencio, al niño no lo tenía la guerrilla sino Bienestar Familiar, y cuenta todo ese drama. Nosotros no teníamos ni idea. Lloré mucho ese día, por todo lo que había pasado. En general nos dolió a todos pero a mí personalmente me afectó muchísimo. Es un drama terrible.

Además, quién sabe si el padre alcanzó a conocer a su hijo, porque cuando Clara contó que estaba embarazada se generaron dificultades en la guerrilla. Hasta donde tengo entendido eso no estaba permitido, salvo que hubiera obtenido autorización de Joaquín Gómez, como ella lo dijo en un momento dado. Escuchamos posteriormente que hubo un fusilamiento en razón de ese embarazo, eso fue lo que nos comentó Martín Sombra en el campamento. Entonces lo más probable es que no haya podido conocerlo. Bueno, eso solamente lo sabe ella, qué pudo haber pasado y quién pudo ser el padre. Solamente sé lo que escuché en el campamento, a mí no me consta nada en este sentido.

Clara Rojas y las relaciones difíciles

Clara tuvo un comportamiento difícil, no hizo nada fácil la convivencia. Además, era muy tirante la relación con Ingrid, quien reaccionaba contra ciertas actitudes que tenía Clara. Entonces se creó un malestar y una división un poco aburridora. Clara comentó en unas declaraciones a la revista *Semana*: «Ingrid Betancourt se alía con Luis Eladio Pérez y los demás políticos, y yo con los tres estadounidenses». No fue exactamente así, pero sí se hicieron como dos grupos. Al principio los norteamericanos estuvieron más cerca de Clara aunque después terminamos tanto Ingrid como yo muy amigos de ellos. En el primer año, particularmente con Tom Howes, Ingrid fue su profesora de español y Howes le ayudó mucho a enriquecer su vocabulario en inglés. Ella también hizo una muy buena relación con Marc Gonçalves, conversaban mucho, estudiaban la Biblia. Pero en general tuvo muy buenas relaciones con los tres. Después nos separaron, y cuando nos reencontramos, traen a los norteamericanos de La Macarena, y nosotros ya estábamos encadenados y nos prohibían hablar con ellos.

Pero la relación de Ingrid y Clara se había dañado, entre otras cosas, por los intentos de fuga frustrados. Ingrid también recordaba con mucho dolor que Clara no la apoyó ni le prestó consuelo cuando por un recorte de periódico se enteró de la muerte de su padre. Sólo le dijo que dejara de llorar. Ese episodio marcó a Ingrid, sin duda, porque lo comentaba con mucha frecuencia. En fin, por estas y otras circunstancias empezó a gestarse un ambiente que fue bastante desagradable para todos.

Ingrid siempre la evadía pero ella la buscaba con insistencia. Por ejemplo, yo peleé con Tom Howes, uno de los norteamericanos que terminó siendo muy amigo mío después, porque en alguna disputa se puso de parte de Clara, y yo por defender a Ingrid terminé agarrándome a trompadas con el gringo, y no solamente en una sino en dos oportunidades.

Intentos de fuga

Ingrid Betancourt me narró las fugas que intentó con Clara. En la primera alcanzaron a estar como tres o cuatro días por fuera, fue el tiempo más largo que lograron estar libres, en unas condiciones muy difíciles. Estuvieron como en un rebalse, con el agua hasta el cuello. Cometieron el error de caminar por los caminos propios de la guerrilla y cargadas de una cantidad de peso que les impedía moverse rápido. Hubo un episodio con unas abejas o con unas avispas que picaron a Ingrid y ella gritó mucho del susto y porque la estaban picando. Clara se molestó y parece que esos ruidos alertaron a unos guerrilleros que las estaban buscando y las recapturaron. En ese momento las amarran a ambas y las dejan en la misma caleta, las amarraron ahí y así permanecieron castigadas como uno o dos meses.

Posteriormente vuelven a intentarlo. Ya les habían hecho como un encierro con tablas, como una jaula que tenía un candado. Clara Rojas había engordado un poco, entonces Ingrid le decía que tenía que ponerse a dieta para que pudiera caber en el espacio de la tabla, de lo contrario se les iba a dificultar. Una noche Ingrid arranca de primero y sale y se queda esperando a Clara Rojas, que tenía dificultades para salir. Ya no me acuerdo si finalmente cupo o no.

A pesar de que las habían recapturado, Ingrid volvió a intentar escaparse conmigo. Era una decisión peligrosa que obedecía al desespero y a las circunstancias tan horribles en que estábamos. Es el ansia de vivir, pero por supuesto también es una expresión de rechazo al hecho mismo del secuestro. Porque si uno está relativamente «adaptado» a unas circunstancias, pues no busca escaparse, pues es ponerse en peligro, hay muchas cosas que uno puede pensar: «Es imposible salir de la selva, me muero, no resisto, me matan, no tenemos brújula, no tenemos comida...». Creo que en el caso de Ingrid escaparse era también una manera de protestar. Protestar por encerrar a un grupo de personas porque sí, por poner en peligro la vida de quienes no le deben nada a nadie y menos a la guerrilla, no hay derecho a usar un delito como arma política.

El carácter de Ingrid

Me sorprendió el compañerismo que surgió desde el primer momento con Ingrid. Digo que me sorprendió pues no pensé que fuera una persona tan especial. La complicidad y el compañerismo se transformaron en una amistad que nos permitió superar muchísimas dificultades durante el cautiverio. Desde el principio sentimos afinidad, y esto se convirtió en un gran cariño, comprensión y respeto. Éramos conscientes de que la amistad podía ser malinterpretada por nuestros compañeros, pues conversábamos mucho (entre otras cosas de un trabajo político en común), y nos cuidábamos las respectivas enfermedades. Pero éramos sólo amigos, excelentes amigos.

Ingrid era rebelde en libertad y sigue siendo rebelde en el secuestro. Siempre está inquieta, buscando alternativas, botando corriente sobre propuestas, sobre posibilidades internacionales o nacionales, sobre las oportunidades de avanzar en el acuerdo humanitario, haciendo el análisis respectivo de la noticia diaria; en fin, siempre inquieta en relación con las circunstancias del secuestro y con las de Colombia y el resto del mundo.

Otra cosa que me sorprendió fue encontrarme con una Ingrid muy creyente. El primer día que llegamos al campamento, después del encuentro, cada uno organizó su caleta (a ellas les construyeron unas «caleticas» con hamacas), y ella lo primero que hizo fue una especie de altar. Tenía un crucifijo muy bonito que había hecho con dos palos y lo había tejido. También un rosario de pepas anudado con hilo de cáñamo, con el mismo que hizo sus correas y tejió los equipos. Siempre los ponía al lado de su caleta: colgaba el rosario en el crucifijo. Me llamó la atención porque tenía un concepto un poco más «liberal» de ella. No pensé que tuviera una vocación con principios religiosos tan profundos. Desde la primera noche la vi rezando el rosario, y a los dos o tres días me invitó a compartirlo con ella. En una prueba de vida le había pedido a su familia que se pusieran en contacto espiritual todos los sábados, al mediodía, a través del rosario. Entonces se nos volvió una costumbre rezar el rosario todos los sábados a las doce del día. El grupo de oración lo conformaban, también, Gloria Polanco, que es supremamente devota y rezaba mucho, Jorge Eduardo Gechem y Consuelo González de Perdomo. Los cinco rezábamos todos los sábados. Muchas veces también rezábamos durante la noche, después de jugar cartas (un juego que se llama «canasta»), alrededor de las seis o seis y media de la tarde, justo antes de acostarnos.

Ingrid siempre ha sido creyente pero no tan practicante. A raíz del secuestro se ha acercado más a la religión y se ha apoyado más en la fe, y ha aprovechado el tiempo para meditar, madurar y leer y analizar la Biblia. Y ese análisis tan profundo y constante de la Biblia no dejó de sorprenderme y hasta se convirtió en un aliciente para leerla. Debo confesar que antes del secuestro me daba pereza, seguramente en alguna oportunidad había leído algunos pasajes del Nuevo Testamento. Entonces empecé a preguntarle sobre la Biblia: qué pasaje le gustaba más, cuál salmo le llamaba más la atención… y me fui animando y empecé a leerla yo también.

De manera que la Biblia se constituyó desde ese momento en una guía espiritual permanente, para ella, para mí y para todos los que teníamos la oportunidad de leerla, incluso muchos de los militares y policías lo hacían con regularidad. Aunque algunos, influenciados con el materialismo y falta de fe de la guerrilla, habían adoptado posiciones radicales contra los que sí creemos en un ser superior. Manifestaban su total desacuerdo con la religión, que todo proviene de la materia, y que Dios no existe, que la Iglesia es el opio del pueblo, un invento del hombre. Este tema también generó problemas y peleas, entonces llegó el momento en que se optó por no discutir: se respetan las opiniones de todos y no se hacen comentarios ofensivos.

Mi fe muchas veces decayó por la situación que estaba viviendo: dudaba, maldecía, renegaba... por qué Dios se ensañaba en mantenerme en ese tormento, en esas circunstancias, en esas situaciones tan difíciles para nosotros. Cuando murió mi madre, lo que coincidió también con la muerte de la mamá de Jorge Eduardo Gechem y la de Orlando Beltrán, no pudimos manifestar nuestro dolor. En aquella época no teníamos «oficialmente» radio porque nos lo habían quitado, por eso nos enteramos por un radiecito clandestino. Pero no podíamos llorar ni nada, para evitar que la guerrilla se diera cuenta de que teníamos ese radio. Muchas fueron las veces de desespero pero al final volvía la calma, volvía a reflexionar, y sabía que tenía que mantener la fe y la esperanza para poder sobrevivir.

Bueno, pero estaba hablando de Ingrid. Sus posiciones ideológicas siguen siendo radicales. Sin embargo, es mucho más tolerante y esa tolerancia se ha traducido en humildad. De manera que la arrogancia o la terquedad las ha superado en gran medida. Ha madurado muchísimo en ese sentido, pero sigue siendo igualmente combativa a la hora de defender sus puntos de vista ideológicos y sus principios políticos. Sus comentarios generaban polémica, discusiones y debate, lo que a veces podía causar que alguno le dejara de hablar durante un tiempo determinado. Es imposible no notar la tolerancia y la humildad que manifiesta en la convivencia, ayuda al que puede, sin importar que se trate de los trabajos más sencillos, como lavar, limpiar o cuidar a un enfermo. Aparentemente estaba tranquila pero lloraba internamente, en silencio. Yo lo veía en sus ojos. ¡Y, claro, entendía los momentos tan difíciles que estaba pasando!

Creo que se dejó crecer el pelo para darle gusto a Yolanda Pulecio, su mamá. Ella le había dicho que le debía quedar muy bonito. Se hacía moñas, trencitas, es una mujer vanidosa y le gusta verse bien, aun en semejantes circunstancias. Otro secuestrado que se ha dejado el pelo largo es Salcedo, un militar que lo tiene más largo que el de Ingrid. Usa un turbante y dice que el día que salga a la libertad se lo cortará. Tiene una personalidad increíble y nosotros le pedíamos que el día que se lo fuera a cortar nos avisara, que nosotros lo venderíamos porque sabíamos dónde compran pelo para hacer pelucas. ¡Estábamos haciendo negocio con el pelo de Salcedo!

Esa imagen de Ingrid Betancourt no le se va a olvidar nunca a nadie, la cara cabizbaja, con el pelo largo. Cuando la vi por última vez, ese 4 de febrero del 2008, confieso que estaba aún más flaca, más delgada, más pálida, más cadavérica que la imagen de la prueba de vida, eso me impresionó y entristeció mucho.

No recuerdo, por lo menos en el tiempo que estuvo conmigo, que haya intentado o pensado suicidarse como sí me sucedió a mí. Por el contrario, siempre me manifestó que tenía que aguantar por sus hijos, por su mamá, por su familia. En algún momento planteamos muy seriamente el tema de una huelga de hambre o el de no entregar pruebas de supervivencia, como manera de ejercer algún tipo de presión para que se definiera nuestra situación. Recuerdo que me preguntó: «¿Estás dispuesto a morir?» Y le dije que sí. El riesgo de morir era altísimo por mi estado de salud (tres días sin comer con diabetes es la muerte segura). Entonces yo le pregunté seriamente: «¿Tú estarías dispuesta a correr ese riesgo?» Y me contestó: «Mire, yo cuando tomo una determinación voy hasta el final», entonces me contó sobre la huelga de hambre que había hecho en el Congreso de la República. Y me explicó cómo había sido todo y dejó en claro que si ella se decidía era para llegar hasta el final; es decir, que si tomaba la determinación era para morir. No se iba a prestar para hacer una huelga de hambre y a las dos horas estar levantándola, sino que había que ir hasta las últimas consecuencias. Me dijo que iba a reflexionar, lo iba a pensar. Al cabo de unos días volvimos a hablar sobre el tema y ya había tomado la determinación: vivir, no quería arriesgarse. ¡Vivir por sus hijos, por su mamá, por su familia!

Ingrid y la guerrilla

Ella respeta el pensamiento que le dio origen a la guerrilla pero, por supuesto, no comparte los métodos que utiliza. Pero no la odia a pesar de las circunstancias y del maltrato del que ha sido víctima. Ésa es una de las cualidades que más me sorprenden de ella. No guarda ni resentimientos, ni odios. Explotaba en su momento frente a una falta de respeto, frente a insultos como los de «Patagrande» (se llamaba Mauricio, le faltaba un brazo pero a pesar de esto era de una habilidad pasmosa), quien le tenía una inquina terrible. En una ocasión le quitó unas tablas que ella había puesto sobre el suelo, en su caleta, para aislar el barro y poder dormir mejor, pero él se las quitó y además la insultó. Ella se puso furiosa pero no dijo nada hasta cuando vino el comandante Enrique «Gafas», quien, a su vez, le tenía inquina a «Patagrande». La reunió con los otros comandantes (son cinco los que componen «el estado mayor» del campamento, entre los cinco toman todas las determinaciones porque son determinaciones colectivas) para que contara su versión de los hechos, e inmediatamente le quitaron el mando a ese «Patagrande». Él era el comandante directo de nosotros, como el carcelero encargado, el que reemplazó a Martín Sombra. No lo volvimos a ver.

Los altos mandos de la guerrilla respetan mucho a Ingrid, con todo y lo sucedido, porque saben que es una mujer valiosa. Porque saben que es una mujer preparada. Porque saben que es una mujer de carácter. Me parece fundamental esta característica para cualquier proceso futuro, pues sé que su sueño sigue siendo la Presidencia de la República. Lo que les ha faltado a varios de nuestros gobernantes, en el pasado, es carácter para tomar determinaciones que hubieran podido poner punto final a este conflicto que desangra, literalmente, al país. ¿Cuánta sangre de colombianos se ha derramado? ¿Cuanto dinero se ha perdido?

Ella, además, ha demostrado una entereza admirable afrontando el secuestro, con una dignidad y con una templanza que sólo pueden generar respeto. Y eso la hace una persona con carácter. Independientemente de lo que opine la guerrilla, cualquiera que sea el tema, si ella no está de acuerdo, lo expresa. Ha dicho francamente que la guerrilla se equivocó de camino: hoy en día no se puede seguir pensando que el fin justifica los medios. Ingrid tiene claro que los medios que se utilizan condicionan el fin, y el medio que utiliza la guerrilla, hoy en día, condiciona un fin que no va a ser el de la paz, como todos deseamos, porque la violencia genera odio y ese odio genera rencor, y ese odio y ese rencor se convierten en una rueda permanente que hace imposible que cicatricen las heridas. Ella es muy consciente de eso. Sin embargo, valora los planteamientos que la guerrilla expresó cuando se sentó con el Gobierno en el Caguán, dentro de un contexto legal, para avanzar en la búsqueda de una sociedad más igualitaria. Ella cree que hay que hacer una reforma agraria integral, como la han venido proponiendo las FARC. Una reforma urbana. Una reforma educativa que sea realmente viable para todos los colombianos y así poder salir del analfabetismo, que en algunos sectores es la regla, y no la excepción. Reinversión social. El presupuesto debe destinarse prioritariamente al tema de la salud, al tema de la educación, al tema de generar oportunidades, a la construcción de obras civiles, empezando por las vías de comunicación que despejen las ciudades y le den oportunidades a la gente que habita en el campo. De manera que ella eso lo valora, sin duda.

continuar

También valora la capacidad intelectual de varios de los dirigentes que tuvo la oportunidad de conocer. Por ejemplo, siempre se expresó muy bien de Joaquín Gómez quien la visitó cuando estaba con Clara Rojas en ese primer año de secuestro (me parece que él y Fabián Ramírez las visitaban con regularidad). Con ellos tuvo un diálogo político y avanzó muchísimo en temas afines. Joaquín Gómez estudió en Rusia y es una persona bastante culta, y tuvieron conversaciones interesantes, según tengo entendido hasta de literatura hablaban.

De manera que ella valora muchos aspectos de la guerrilla. También valora la capacidad de ingenio de los guerrilleros, en esta apreciación todos coincidíamos. Eran recursivos en extremo, no se varaban por nada, construían lo que sea con lo que fuera, con las mínimas herramientas. Dominan completamente el mundo de la selva.

Ella conoció a Manuel Marulanda como candidata presidencial en el Caguán. Le pareció un personaje con una gran intuición, con malicia indígena, con un conocimiento claro de la situación de pobreza por la que atravesaban muchos colombianos, de miseria, de abandono. Pero también le dio la impresión de que piensa de una manera un poco atrasada sobre la historia y sobre su responsabilidad histórica en el movimiento y frente al país. No creo que lo haya visto en su condición de secuestrada. Me imagino que ella le solicitó a Joaquín Gómez la posibilidad de un encuentro de diálogo con los miembros del Secretariado y de ser posible con el propio Marulanda. Pero por supuesto nunca se llegó a concretar nada de eso.

También hay muchos aspectos que considera negativos. Por ejemplo, la concupiscencia con el narcotráfico, que ha sido el cáncer que carcomió y que está carcomiendo a la guerrilla y que, sin duda, si no asumen una posición diferente frente a este tema, va a ser el que los va a conducir a la muerte, real y política. Otra de las cosas que censura con dureza de la guerrilla es la utilización del secuestro como arma política. La utilización de la violencia y métodos no convencionales de lucha, como los cilindros, las minas quiebrapatas, todos estos elementos que tantos daños le han causado a tantas familias en Colombia, y los atentados. Condena todos los actos que sean violentos y, por supuesto, terroristas.

A Ingrid siempre le vi una actitud positiva, nunca le vi un dejo de rencor o de odio, a pesar de todo lo que le ha causado el secuestro: no estar con su familia, el dolor que les ha causado, su propio y enorme sufrimiento, dejar su vida en *stand by*, y todo lo que implica el hecho. Me acuerdo de que una vez un guerrillero se burló de ella, la insultó, y después vino y le pidió un favor. Ella lo hizo con amabilidad, ¡hasta con cariño!, a mí me sorprendió bastante. Es fácil pensar que en una circunstancia como ésas el rencor se instale en una persona, pero ella demostraba absolutamente todo lo contrario. Ingrid no guarda ni odio, ni rencor.

Ingrid y el gobierno de Álvaro Uribe

Ingrid Betancourt respeta la capacidad de trabajo del presidente Álvaro Uribe, respeta su posición firme, el hecho de que no haya claudicado con el correr de los años en el ejercicio de la Presidencia. Que siga buscando sus objetivos con paso firme. Le critica la arrogancia, la intolerancia. No comparte, por ejemplo, que no considere buscarle una salida política a la situación de los secuestrados y avanzar en un proceso de paz con los grupos guerrilleros. Critica actuaciones en relación con el tema del paramilitarismo y la flexibilidad que se ha tenido en el manejo de algunas de las leyes que han venido cobijando el proceso paramilitar. Fue muy crítica con el escándalo de Santa Fe de Ralito. Siempre me manifestó que ese ejercicio no podría tener buenos resultados, porque era muy difícil llegar a un proceso de reparación de las víctimas cuando el victimario estaba gozando de unas condiciones mejores que la de los damnificados. Le parecía muy flexible la Ley de Justicia y Paz. El esquema le gustaba pero la veía muy flexible en cuanto a las penas, las condiciones y sobre todo el vacío tan tremendo que había en el proceso de reparación a las víctimas. También criticaba la política exterior, la veía encaminada exclusivamente a un solo país. No abría espacios con otros puntos geográficos como Europa, como Asia. Le llamó mucho la atención el cierre de una serie de embajadas, lo que ha perjudicado a Colombia, no sólo en su devenir diplomático normal sino en las posibilidades de explorar nuevos mercados, nuevas opciones económicas o de inversión tanto nacional como extranjera.

Al principio del gobierno Uribe, le llamó mucho la atención el tema de la meritocracia, que degeneró en una vulgar burocracia en el sector público, en las embajadas y en los consulados, todo al servicio del «amiguismo». Eso la impactó, escuchar que el hijo de un senador, que el hermano de un representante, que la cuñada del ministro, que la familiar del magistrado, ocuparan cargos en la nómina diplomática. Ella tiene un concepto de la diplomacia que yo comparto. Cuando fui congresista presenté un proyecto de reforma a la Cancillería, a la carrera diplomática y consular, haciéndola mucho más dinámica y profesional. Ella compartía esta necesidad de profesionalizar el servicio exterior colombiano, porque era consciente de que todos esos tejemanejes políticos creaban un gran traumatismo en el ambiente diplomático. No se nombra a una persona por méritos sino por conveniencias, por lo tanto muchas veces no tiene la preparación adecuada, ni el ritmo ni la continuidad que deben tenerse en política exterior. Y eso causa muchos problemas.

Algunos secuestrados y guerrilleros

El encuentro con los tres norteamericanos fue un choque muy fuerte, tanto para ellos como para nosotros. Inicialmente éramos tres: Clara, Ingrid y yo. Luego nos reunieron con los otros políticos: Jorge Eduardo Gechem, Gloria Polanco, Consuelo González de Perdomo y Orlando Beltrán. Quedamos los siete en un lugar demasiado pequeño. Ya estábamos acostumbrándonos cuando llegaron los gringos, a los quince días: Tom Howes, Keith Stansell y Marc Gonçalves. Tuvieron que hacer «camas» adicionales, entonces nos redujeron el espacio mucho más. Eso generó de por sí un malestar.

Por otro lado, ellos llegaron muy inquietos y ávidos de saber y entender qué era lo que estaba pasando. Llevaban ocho o nueve meses de secuestro y no tenían ninguna información porque no tenían radio, y fuera de eso no sabían español, salvo Tom, que hablaba algo porque su esposa es peruana, pero los otros dos no hablaban absolutamente nada de español. Sabían muy pocas palabras, palabras que habían aprendido de la guerrilla. Ellos empezaron a aprender con nosotros. Ingrid les enseñó mucho, al igual que Orlando Beltrán y Consuelo González de Perdomo. Al principio fueron un poco prepotentes. Se creían más importantes que el resto y eso generó fastidio.

Además, no entendían qué pasaba entre Clara e Ingrid, lo que generó innumerables roces.

En esta «primera fase» sí los dejaban hablar inglés entre ellos y con nosotros. Pero después, cuando nos separaron y a ellos los mandaron para la sierra de La Macarena, la cosa fue distinta, pues cuando regresaron nosotros ya estábamos encadenados (ya había sucedido lo de la escapada y la recaptura), entonces les prohibieron hablar con Ingrid y conmigo, ni en inglés, ni en español. En nada. Estaba absolutamente prohibido. Eso fue hasta que nos separaron, y en uno de esos grupos se llevaron a Ingrid. Cuando me quedé con los tres gringos nos levantaron la prohibición: la guerrilla no quería que Ingrid hablara con ellos.

No sé por qué los mandaron para La Macarena. Eso sucedió al final de la marcha con Martín Sombra, cuando nos dividieron. Allá permanecieron por más de un año, solos, en unas condiciones muy difíciles. El entorno era muy complicado, porque en ese momento el Gobierno tomó la determinación de hacer la erradicación manual de cultivos allá. La guerrilla respondió poniendo minas quiebrapatas, atacando, hostigando permanentemente a los fumigadores, a quienes la Policía y el Ejército estaban brindando seguridad. Vivieron ataques diarios, por aire y por tierra, los gringos corrieron un riesgo inmenso. No sé si la fuerza pública se dio cuenta de que estaban allá. Los operativos obedecían al tema de la erradicación. Finalmente la guerrilla tomó la determinación de llevarlos de nuevo a donde nosotros estábamos, la marcha fue larguísima. Creo que marcharon un mes para volver. Estando en La Macarena no vieron a ningún jefe importante de la guerrilla. Pero, anteriormente, sí los había visitado el Mono Jojoy, quien les llevó noticias de sus familias, y el periodista Jorge Enrique Botero, quien les hizo una prueba de vida. En ese momento conversaron no solamente con Jojoy, sino también, me parece, con Joaquín Gómez y con Fabián Ramírez.

Los tres vivieron los primeros meses de cautiverio en unas circunstancias muy difíciles: no tenían tan siquiera una muda de ropa para cambiarse. Por eso, cuando llegaron al campamento donde estábamos los siete, nuestra reacción de disgusto fue más que todo por el olor. ¡Olían horrible! Y cómo no, si nunca se habían cambiado de ropa. Aprovechaban la noche para lavarla y se la ponían mojada al otro día. Nosotros sacamos algunas cosas y se las regalamos. Me acuerdo de que Orlando Beltrán fue el más generoso, pero en general todos ayudamos. También le pedimos a Martín Sombra que los dotara de ropa.

Cómo fue el secuestro

Ellos no eran tres sino cuatro norteamericanos, e iban acompañados por un sargento colombiano. Habían salido en un vuelo en misión hacia el sur de Colombia. Pararon en la base de Larandia para cargar combustible y arrancaron. Tuvieron que atravesar la cordillera para descender en toda la Amazonía. Era un vuelo de reconocimiento vía Leticia, para ubicar cultivos de coca. Estando en plena cordillera se apagó el motor. ¡Se apagó! La prensa especuló y algunos medios dijeron que una bala había impactado en el motor del avión. Ellos tenían dudas sobre esto, y por eso me solicitaron que les ayudara a aclarar el asunto ahora que estoy libre. Lo que pude averiguar, a través de la Embajada, es que el motor no presentó ningún impacto de bala, así que eso está descartado.

El piloto era un experto, un ex Vietnam. Cuando se quedaron sin motor, el piloto logró traspasar la montaña y empezó a planear. Keith se comunicó con Washington, con el Comando Sur en La Florida y con la Embajada, y desde el avión les dieron las coordenadas donde eventualmente iban a caer, porque las posibilidades de salir con vida eran nulas. Sin embargo, el piloto logró planear el avión con mucha habilidad y alcanzó a divisar un terreno despejado en donde aterrizó. Claro, frenó contra los árboles. Con el impacto, Tom, que era el copiloto, sufrió un golpe que le abrió toda la cabeza y quedó privado, los demás pensaron que había muerto. Al piloto no le pasó absolutamente nada, ni un rasguño, ni al sargento colombiano, pero Keith y Marc, que estaban en la parte trasera, sufrieron golpes en las costillas, en las caderas y en las rodillas. Bueno, trataron de recuperarse del impacto, trataron de revivir a Tom, abrieron la puerta del avión y… ¡se encontraron con la guerrilla! ¿Se imagina? Lograron salvarse de semejante accidente, estaban vivos, y cayeron justo en un campamento guerrillero. Cuando el piloto Thomas Janis y el sargento Luis Cruz se dieron cuenta, se bajaron por el otro lado del avión y empezaron a correr, les dispararon y los mataron, por la espalda. Thomas Janis sobrevivió a la guerra de Vietnam pero no a la guerrilla colombiana. Los otros, claro, oyeron los disparos, pero no se enteraron de que habían matado a sus colegas. Lo supieron por nosotros cuando llegaron al campamento. Lloraron mucho, mucho tiempo.

Apenas bajaron a los tres norteamericanos del avión los obligaron a desnudarse: querían comprobar que no tuvieran chips con los que pudieran rastrearlos. En ésas aparecieron los helicópteros del Ejército, que ya estaban informados sobre las fallas del motor y sabían las coordenadas aproximadas del lugar en que iban a caer. Empezó entonces la persecución. Los guerrilleros les disparaban a los norteamericanos a los pies para que corrieran. Y ellos apenas estaban reponiéndose de dos sustos seguidos y, además, estaban heridos. De los helicópteros también disparaban. Después de tres días de persecución, la guerrilla logró internarlos en el monte y los helicópteros los perdieron de vista. Tenían podridos los pies, literalmente, porque la guerrilla no tenía botas para ellos, por el número que calzan (Keith, por ejemplo, calza 45). Tuvieron que cortarles la punta a las botas con el machete para que los dedos salieran. Bueno, así se inició todo el calvario que han tenido que soportar en la selva colombiana.

El avión fue recuperado después, incluyendo el motor, en un operativo que hizo el Ejército en la zona. Ellos contaban que tenían muchos aparatos dentro del avión, muy valiosos y costosos. No saben si la guerrilla los desmanteló, o si el Ejército logró recuperarlos. Pero la guerrilla sí les quitó las armas que llevaban dentro del avión.

Las lesiones que sufrieron en el accidente les dejaron secuelas y dolencias, dificultándoles aún más el cautiverio. Por ejemplo, a Tom se le presentan dolores de cabeza sistemáticos y quedó con problemas de visión. Keith tiene problemas en las costillas y en algunas posiciones no puede respirar bien, y le daban dolores muy fuertes cuando tenía que marchar. Marc es el más afectado: tiene problemas en las caderas y en las rodillas, para él las marchas son una tortura permanente, porque los dolores en las rodillas son intensos. Mientras nosotros hacíamos una jornada en cinco horas, él se toma diez horas, ¡el doble!, por el dolor.

Cómo son los norteamericanos

Los tres tienen muy buen sentido del humor. Son agradables, cultos, inquietos intelectualmente. Viven muy bien informados porque oyen la radio en forma permanente, y con una profunda conciencia política. Sobre todo Keith, que tiene un conocimiento profundo de la problemática internacional. Él es un ex marino, especializado en electrónica. Yo lo animaba a que estudiara Ciencias Políticas después del secuestro, pues es una persona que tiene una habilidad innata para analizar estos temas.

La guerrilla siempre ha hablado en contra del imperialismo, de los Estados Unidos y de los gringos. Pero cuando los veían era una adoración y sumisión completa. La clásica sumisión del colombiano ante «lo americano». Eso sí me sorprendió mucho. Pero esa «adoración» sufrió un vuelco con la fuga de Pinchao, tres o cuatro meses después de su llegada de La Macarena. Yo me imagino que fue por prevención. La guerrilla jamás calculó lo que pasó con Pinchao. Estaban convencidos de que ninguno de los militares y policías era capaz de tomar una determinación de esa naturaleza. Habían bajado la guardia. Las precauciones las tomaban con Ingrid y conmigo, pero nunca con ellos. Cuando se escapó Pinchao cambió el trato de la guerrilla frente a los tres gringos: los encadenaron.

Ellos nunca se rebelaban, ni protestaban como Ingrid o como yo. Aunque Tom, el mayor, fue la excepción: recuerdo que se les rebeló en varias oportunidades. Por ejemplo, durante la marcha de los cuarenta días llegamos a acampar, y Sombra dio la orden de no poner hamacas, que todo el mundo durmiera en el suelo sin hacer ruido. Después nos enteramos de que el Ejército estaba muy cerca. Y Tom se rebeló. Los militares y policías estaban cansados y también se rebelaron porque los obligaban a cargar comida, además de sus equipos. Y el asunto era que si no cargaban, entonces no comían. Pero en el momento en que los militares y policías se rebelaron, por ese trato en esa marcha, botaron toda la economía y dijeron que no cargaban más, Tom también se rebeló y gritó: «¡FARC mierda!, ¡FARC mierda! ¡Jueputas! ¡FARC mierda!». Estaba desesperado.

Ésa no fue la única vez. La última Navidad estábamos encadenados y Enrique «Gafas» llegó, el 18 de diciembre, dizque para celebrarla con nosotros. Mandó a preparar un pernil de gallina, una ensalada y llevó regalos: una loción y un champú. ¡Qué emoción ver un champú y una loción después de siete años de nada! Cuando nos dimos cuenta, «Gafas» estaba detrás de un palo filmando la escena, seguramente para mandar a los medios de comunicación. Tom se dio cuenta… ¡Ah! Y como desde las seis de la mañana había tomado vino y aguardiente (todos habían tomado, menos yo por la diabetes), estaba borracho, casi todos estaban borrachos. Entonces se enfureció y le empezó a gritar a «Gafas»: «¡Asesino! Tenga personalidad, ¿por qué no tiene la valentía de filmar de frente?, ¿para qué nos emborracha, para filmarnos y después mostrarle al mundo que estamos acá?». Fue un momento muy difícil, de mucha tensión, aunque «Gafas» permaneció callado, sin reaccionar.

En medio de su situación pudieron entender de primera mano lo que es el conflicto colombiano. Consideraban a las FARC como a un grupo eminentemente terrorista sin ningún viso de principios políticos. Relacionaban su caso con el de Vietnam y por eso sentían admiración por John McCain, porque él vivió esa terrible tragedia de haber sido prisionero de guerra durante cinco años en Vietnam. Les aterraba la ignorancia de las FARC y no podían creer que casi la mayoría de la guerrilla fuera analfabeta. ¿Cómo podía un grupo así aspirar a ejercer el poder en Colombia? Les sorprendía lo primitivo que era todo: las decisiones, la comida, la medicina. Pero había una cosa que admiraban: la creatividad. La herramienta fundamental de la guerrilla es el machete y con eso se defienden. Los gringos son muy creativos, pero de otra manera, a través de las máquinas, de los avances tecnológicos que ofrece una sociedad como la de ellos. Si tienen que abrir un hueco, pues tienen una herramienta especial que lo hace. En la selva las herramientas son el hombre, el machete y pare de contar.

Antes del accidente conocían la otra cara de Colombia. Estaban fascinados con Cartagena, Santa Marta, las mujeres colombianas, con las bellezas naturales, el Parque de la 93. Ellos tenían sus limitaciones en cuanto a desplazamientos, entonces tenían que vivir en un área fija para movilizarse. De manera que era una visión limitada del país. Además les llamaba mucho la atención lo barato que era el costo de vida.

Los gringos, su Gobierno, su familia

Ellos se sienten muy abandonados por parte del Gobierno de Estados Unidos y ése fue el mensaje que manifestaron en las cartas que yo traía y que me quitó la guerrilla. Iban dirigidas al presidente Bush y a las autoridades del poder Legislativo y del poder Ejecutivo de Estados Unidos. Ellos no comprenden ese vacío de cinco años, cinco años largos en que no ha habido una actitud clara por parte del Gobierno de su país para la búsqueda de la solución a su problema. El presidente Bush estuvo en la ciudad de Cartagena y no hizo ningún tipo de pronunciamiento sobre ellos. Cuando Condoleezza Rice visitó la ciudad de Medellín tampoco hizo ninguna apreciación sobre el tema. Entonces se sienten como parias para su país. De pronto el Gobierno no se quiere involucrar directamente en su tema, por el trabajo que ellos venían realizando. Sin duda los ha impactado mucho ese abandono.

Las cartas no las pude entregar pero sí conozco su contenido pues me pidieron que las leyera, por si me las quitaban. La de Tom estaba dirigida al presidente Bush, en ella manifestaba que él era un republicano de nacimiento y convicción. Le contaba la tragedia del accidente, los cinco años de cautiverio y que abrigaba la esperanza de que pudiera hacer las gestiones pertinentes para liberarlo. En sus cartas, Marc y Keith coincidían en manifestar su lealtad a la bandera de Estados Unidos y que en aras de esa lealtad les extrañaba el comportamiento del Gobierno porque durante los cinco años no se había pronunciado al respecto. Hacían una reflexión sobre el trabajo que venían realizando y explicaban que ellos trabajaban como subcontratistas de una multinacional norteamericana, que contrata con el Departamento de Defensa ese tipo de trabajos en diferentes partes del mundo. También explicaban que el trabajo consistía, fundamentalmente, en hacer vigilancia sobre los cultivos de coca, reportar nacimiento de nuevos cultivos y avisar cuáles había para erradicar. Todo esto para hacer informes permanentes tanto a la Embajada como al Gobierno colombiano y al Comando Sur de Estados Unidos. Las cartas no sólo iban dirigidas al presidente Bush sino al Congreso, a Nancy Pelosi, y a la bancada demócrata conformada entre otros por Jim McGovern y Bill Delahunt, que inclusive han viajado a Venezuela para hablar con el presidente Chávez y en varias oportunidades han estado en Colombia, han permanecido muy pendientes de aportar en la búsqueda de una solución política al tema. También elaboraron una carta a todos los congresistas de Estados Unidos haciéndoles el reclamo por la indiferencia y exponiendo su drama. Les explicaron al *The New York Times* y al *Washington Post*, a cada uno de manera independiente, la necesidad de sensibilizar a la opinión pública de Estados Unidos sobre su drama. De igual manera dirigieron las cartas a los tres candidatos: a Hillary Clinton, a Barack Obama y fundamentalmente a John McCain, a quien logré hacerle llegar el mensaje y quedó supremamente impresionado con la situación.

Los tres norteamericanos son unos admiradores del presidente Uribe y de las posiciones que ha asumido, pues consideran que esa mano dura es y ha sido muy importante y necesaria, a su manera de ver, para la construcción de la paz en Colombia. Por otro lado, no comprenden mucho al presidente Chávez, pero lo valoran, e incluso se interesan por el tema. Hasta escuchaban programas como «Aló Presidente», cuando estábamos cerca de la frontera con Venezuela, y admiraban su capacidad de compenetración con la gente y la forma como hablaba, como solucionaba los problemas y, por supuesto, andan muy esperanzados en que les pueda ayudar en su caso.

Son conscientes de que podrían llegar a ser los últimos en ser liberados. Y no solamente eso, sino que les angustia el tema Simón Trinidad y Sonia, con sus respectivas condenas: Simón Trinidad a sesenta años y Sonia a quince años. Pero particularmente la de Simón Trinidad, porque ellos han escuchado a algunos guerrilleros manifestar abiertamente que ellos iban para los mismos años de condena que Simón Trinidad, pero en la selva. Sería una condena a muerte. Además, saben que la guerrilla ha tocado este tema a través de comunicados en la página de Anncol y a través de la Agencia Bolivariana, y en entrevistas con algunos medios de comunicación de algunos de los comandantes del Secretariado.

Siempre tuvieron la duda de si sus familias recibían alguna ayuda económica por parte de la empresa para la cual trabajaban. Fue a raíz de la visita que sus familiares hicieron a Venezuela, el año pasado, cuando se estaba avanzando en el tema del intercambio humanitario, que supieron que la compañía seguía brindándoles toda la ayuda económica que las familias requerían. Obviamente eso los tranquilizó mucho, al igual que los mensajes que en esos momentos les hicieron llegar.

De las cartas que ellos escribieron a sus familiares sólo logré salvar la que Tom Howes le envió a su esposa, Mariana, que es ciudadana peruana. Durante todo el tiempo de cautiverio él ha tenido el libro de Gabriel García Márquez *El general en su laberinto*. En especial le gusta una carta que le dirige el general Bolívar a Manuelita Sáenz en la que se despide y dice: «Irremediablemente tuyo». Entonces yo le sugerí, cuando le estaba escribiendo la carta, que fuera más cariñoso con ella: «¡Hombre, sea más romántico, póngale algo lindo!», y le puso esa frase.

Tom piensa que de pronto no va a salir, tiene 55 años y problemas de salud, por eso prefirió enviar un testamento, con la información necesaria para evitar gastos de abogado, o «investigaciones» sobre lo que tenía en realidad y así facilitarle a su familia las cosas y poder dejarlos tranquilos económicamente. Tom ha reflexionado mucho sobre lo que eran sus relaciones familiares con sus hijos y su esposa, no existía un diálogo fluido y se sentía mal por eso porque pensaba que tenía que ver con su forma de ser, por pensar mucho en lo económico, pues decía que era muy tacaño. Por eso se sentía culpable, y en ese documento reflejaba de alguna manera eso y manifestaba que sí le importaba mucho su familia. Marc y Keith son más jóvenes y sienten que tienen más opciones de vida, son más pragmáticos, no piensan en testamentos.

Keith Stansell estaba saliendo con una sobrecargo colombiana, Patricia, antes del secuestro. Ella estaba embarazada pero él no alcanzó a enterarse de que eran gemelos. Un día estábamos en el campamento y recibió un mensaje de ella diciéndole que no era uno sino dos. Keith casi se muere. Él, además, tenía un compromiso con alguien en Estados Unidos, estaba comprometido para casarse con una gringa, pero no lo esperó y se casó con otra persona. Entonces él empezó a sentir un inmenso amor por Patricia, por los mensajes que le mandaba, por cómo cuidaba a sus hijitos, y en la carta que le mandaba le proponía matrimonio, que si ella quería se casaban apenas lo liberaran y hacían vida de familia con sus dos hijos. Me quitaron la carta, pero yo sabía cuál era el contenido. Entonces, cuando llegué a Bogotá y me bajé del avión se me acercó una mujer y me explicó que era Patricia Medina, entonces le dije: «Patricita, yo le traigo un mensaje de Keith». En ese momento alguien se me acercó con un ramo de flores y arranqué una rosa, «es el mensaje más lindo que se le puede dar a una mujer, tome esta rosa en nombre de Keith, él le manda a preguntar si quiere casarse con él». Ella quedó fría. «Pero la única condición es que yo sea el padrino, de lo contrario se daña este matrimonio».

Marc Gonçalves, por su parte, le escribió a su mamá, la señora Jo Rossano, a su esposa y a sus hijos. Está preocupado porque su esposa no le ha mandado mensajes, inclusive tiene la duda de si lo abandonó. Ella era casada anteriormente y tenía dos hijos, pero él los adoptó como suyos y los adora, tienen un tercero en común. De manera que eso le ha afectado mucho el estado de ánimo. En cuatro años no ha recibido ningún mensaje de su esposa, solamente de la mamá, pero como la relación entre ellas era tirante, la mamá no le ha dicho absolutamente nada.

Sobre los militares y policías

Los policías y militares fueron retenidos en las tomas de la guerrilla a Mitú, El Billar y Miraflores. Todos se sienten abandonados, no sólo ahora, sino desde el momento en que los capturaron, y desde antes, pues habían comunicado cómo era la situación tanto al comando central como al Ministerio de Defensa. Fueron tomas anunciadas.

En Mitú hay constancia, según me manifestaron los miembros de la Policía Nacional, de los comunicados que enviaron dos y tres días antes. Ahí anunciaban que Mitú estaba rodeada por las FARC, y que no eran ni cien ni doscientos hombres, ¡eran tres mil! Lo sabían gracias a los informantes. Mitú estaba rodeado y la Policía hizo todas las gestiones necesarias para alertar al Gobierno nacional, a sus mandos sobre lo que iba a suceder. Pero no hubo ninguna respuesta. Nunca llegaron refuerzos. Fue algo que pudo evitarse y, por eso, debe haber responsables.

Cuando se produjo la toma, apareció la aviación después de muchas horas, pero sólo alcanzó a hacer un sobrevuelo ¡porque no tenía más combustible!, y lo único que hizo, mientras se devolvía, fue «rafaguear», y más fueron los muertos que hubo de la propia Policía que de la guerrilla. Fue una toma que duró cerca de 48 horas: hubiera podido realizarse una movilización para salvar la vida de tantas personas que murieron y haber evitado el drama de tener hoy secuestrados, ya hace diez y once años, a un coronel del Ejército como Mendieta, a varios oficiales, suboficiales, y policías (hoy ya han sido liberados algunos de ellos, afortunadamente). Ésta es una responsabilidad que tendrá que asumir el Estado en algún momento.

La toma de El Billar también fue anunciada. Hubo información previa de lo que iba a suceder porque algunas personas de la región lo manifestaron, pero no se tomaron ni las precauciones, ni se hicieron los movimientos tácticos requeridos. Fue incluso todo lo contrario: fueron movimientos que condujeron, sin duda, a una emboscada, y a la huida del mayor junto con algunos compañeros de armas. Como resultado hubo muchas muertes y más secuestrados. Esto amerita un juicio a los altos mandos, pero eso no pasa pues se protege la integridad política de los de arriba cuando son los más responsables.

La de Miraflores, exactamente lo mismo. El Gobierno instaló en el aeropuerto equipos del Ejército y de la Policía con el objeto de controlar los vuelos que llegaban, para evitar que salieran dólares, insumos básicos para la producción de coca o la coca misma ya procesada. La Policía en un extremo de la pista y el Ejército en el otro, sin ninguna seguridad, sin unas fortificaciones o defensas. ¡Claro! Cuando la guerrilla se enteró de que estaban ahí, los rodearon, los atacaron, mataron a cualquier cantidad de gente y secuestraron a otros militares y policías que llevan diez y once años de secuestro. Ellos también habían pedido ayuda y nunca llegó cuando se necesitaba, ésta llegó después de muchas horas de combate y ya la guerrilla se había ido. Estamos hablando de diez años atrás, es vergonzoso. Aquí tiene que haber un análisis muy profundo de esas circunstancias y de las responsabilidades de los que actuaron en ella.

El Mono Jojoy

Un día, que estaba en un campamento provisional con Clara Rojas y con Ingrid Betancourt (no hacía mucho que me habían reunido con ellas), llegaron de repente unas camionetas 4x4 y vimos un grupo grande de gente que se acercaba hacia nosotros. De pronto vi que alguien me señaló y me dijo en voz alta: «¡Oiga, pastuso!, ¡me habían dicho que usted estaba enfermo pero lo veo muy bien!». Me di cuenta inmediatamente de que era el Mono Jojoy, exactamente igual a las fotos que conocemos, entonces me paré y lo saludé. Acto seguido saludó a Ingrid, en una forma muy cariñosa, con beso y todo, y de la misma manera saludó a Clara. Fue amable, tiene buenas maneras, cuando se podría esperar que fuera despectivo o que nos dijera cosas insultantes, o algo así. Por el contrario, fue muy amable.

Empezamos a conversar de trivialidades, sobre cómo estábamos, cómo nos sentíamos. Ingrid le mostró un «gimnasio» que le habían construido para hacer abdominales: una tabla graduada a diferentes alturas. Jojoy se puso a ensayar la tabla y a conversar. Hablamos de algunos temas, pero en general de cosas sin importancia. Después nos preguntó qué se nos ofrecía, qué nos faltaba. A mí personalmente me hacía falta de todo, ni siquiera tenía una cuchara, en los dos primeros años nunca me dieron ni cuchara, ni tenedor, ni nada; me tocaba comer con las manos, con los dedos. Tampoco tenía «vajilla», entonces estaba sujeto a que el guerrillero que cocinaba me diera de su plato, por supuesto era incómodo, tanto para el guerrillero como para mí.

Por eso cuando Jojoy nos dijo eso, yo ahí mismo le dije: «Hombre, ¿por qué no me hace el favor de conseguirme una cuchara, un tenedor o alguna cosa para poder comer?». Respondió «claro, inmediatamente», y preguntó qué más se me ofrecía. «Bueno, no más, o... de pronto una máquina de afeitar», porque llevaba dos años sin tener una. Y, como en ese momento no había dejado de fumar, también le dije «hombre, cigarrillitos, mándeme cigarrillos, todos los que pueda». En seguida Ingrid hizo sus solicitudes, pero la lista parecía larga, entonces él le pidió que mejor la escribiera, y con mucha simpatía ella empezó a hacer una típica lista de mujer: crema bloqueadora número tal, crema Pond's número tal, crema antiarrugas número tal. Jojoy estaba muerto de la risa. ¡No lo podía creer! Yo tampoco. En los dos años anteriores no tuve ni siquiera una cuchara, y viendo esa lista me pareció muy curioso que las necesidades de las mujeres se mantuvieran firmes, ¡incluso en la selva! Jojoy volteó la cabeza hacia mí, y me picó el ojo, a él también le llamaba la atención y le parecía bastante gracioso. Creo que Clara Rojas también hizo algunas solicitudes.

Al final le solicitamos a Jojoy debatir políticamente con el argumento de que éramos retenidos políticos o secuestrados políticos. Lo acompañaba en ese momento un guerrillero que acababa de salir de la cárcel, de apellido Arenas, de pelo blanco, alguien muy importante, entonces volteó a mirarlo y dijo: «¡No, no, no!, aquí les dejo a Arenas para que hablen con él, yo tengo que hacer unas diligencias, pero yo vuelvo a pasar, ¡yo paso mañana!». Nunca volvió. Al otro día llegó Martín Sombra, nos puso una capucha, nos metieron en un carro, anduvimos como una hora, en un carro por una carretera absolutamente destapada y nos bajaron, nos subieron en unas lanchas en un recorrido de tres horas y ¡sorpresa!, llegamos al campamento donde nos encontramos a todos los demás políticos y a todos los militares.

Después de más o menos ocho días de estar en este campamento, Martín Sombra llegó con dos o tres bultos y nos dijo que el Mono Jojoy nos mandaba eso. Y efectivamente era lo que le habíamos pedido, parecía Navidad: llegaron todo tipo de cremas para Ingrid y Clara, champú, loción, perfume. A mí también: loción, perfume, crema, gel para afeitar, entre cien y doscientas maquinitas desechables para afeitar, como cuatro o cinco cartones de cigarrillos, cubiertos, a todos nos mandaron cubiertos, sábanas, yo no tenía ni sábanas ni cobija, periódicos y revistas también. ¡Llegó de todo!

Nunca antes había visto al Mono Jojoy y sólo tenía las referencias que conocía a través de los medios de comunicación: la imagen de un Mono Jojoy sanguinario, cruel y asesino, un hombre que no era tan preparado como Alfonso Cano o Iván Márquez, y que representaba el ala militarista de las FARC. Ingrid Betancourt ya lo conocía, pero no como secuestrada sino como candidata presidencial, cuando invitaron a todos los candidatos presidenciales al Caguán. No sólo había conocido al Mono Jojoy, sino a Marulanda y, en general, a la mayoría de los miembros del Secretariado, de los altos mandos de la guerrilla.

Me llamó la atención verlo muy elegantemente vestido, con su camuflado militar pero muy bien puesto, inclusive con las uñas arregladas, bien pintaditas. Daba la sensación de no ser un hombre de monte, de no vivir en el monte, es decir, difícilmente podría estar en esas condiciones si viviera en la selva. O si vive allá en forma permanente, lo hace en condiciones muy buenas, sin hacer ninguna labor física, ni pasar ningún trabajo. Algo así como un campamento seis estrellas. También me llamó mucho la atención el color de la piel. Uno en la selva coge «color selva», que es distinto al olor de la selva que ya mencioné. Cuando uno lleva mucho tiempo por allá, la piel toma un color verdusco, una palidez verdusca por la falta de sol. Creo que uno se impregna del exceso de clorofila que hay en el ambiente. Uno va adquiriendo el color y el olor de la selva, que es algo particular. Pues yo no le vi ese color como tampoco le sentí ese olor, me dio la sensación de que él debe vivir en una ciudad o en una población, y si es en la selva, en unas circunstancias muy diferentes a las que yo tenía. Eso lo conversé con Ingrid Betancourt y con Clara Rojas, estábamos sorprendidos.

Fabián Ramírez

También conocí a Fabián Ramírez, del Bloque Sur, inmediatamente llegué a la zona del Caguán, al día siguiente. Todavía no me había enfermado del riñón. Arribó un grupo de gente, estaba lloviendo, y todos los guerrilleros que estaban conmigo, vigilándome, hicieron formación, saludaron y hasta hubo discursos. No presté mayor atención. Cuando terminó todo eso, se acercó una persona a mi caleta y me saludó: «Yo soy Fabián Ramírez, vengo a saludarlo, a preguntarle cómo se siente, cómo está». ¡Después de semejante viaje! También me comentó que yo era el secuestrado que conocía con mayor profundidad el interior de las FARC, porque había recorrido su corazón geográfico.

Le pregunté inmediatamente sobre mi situación, le dije que me extrañaba mucho que yo no apareciera en los comunicados de las FARC en los que listaban a los canjeables, en los que tampoco estaban ni Orlando Beltrán, ni Jorge Eduardo Gechem, ni Consuelo González de Perdomo. Él respondió de manera supremamente seca: «Lo de ustedes es mixto». Quedé frío con la respuesta pero continuamos la conversación con temas que, frente a mis inquietudes, eran intrascendentes: el comportamiento de la guerrilla, la manera como me habían tratado, cómo me sentía de salud; en fin, generalidades.

Se despidió al rato, sin embargo yo insistí en el tema de mi situación: «Hombre, yo sí quiero que me aclare cómo es el tema de lo mixto, porque si es por plata, olvídese, usted sabe que yo no tengo plata, ustedes saben porque me imagino que nos han investigado, para secuestrarnos o ya estando aquí, y si están pensando en plata, conmigo perdieron el tiempo. Vea, no perdamos el tiempo ni usted ni yo. Pégueme un tiro y se acabó esto». Entonces él reaccionó: «No, no, no, tal vez es una equivocación. Yo le voy hacer llegar el comunicado de las FARC en el que ustedes aparecen como canjeables, puede ser que los medios de comunicación hayan tergiversado el asunto». Nunca me hizo llegar ningún comunicado. Tampoco hubo discusión política. Lo único medio político que pude mencionar fue el detalle de mi situación. Al despedirse me dijo que volvía a pasar para que habláramos «políticamente», pero nunca más volvió y nunca más volví a verlo.

Pero sucedió una cosa muy curiosa. Cuando ya nos integraron a todos, en el campamento de Martín Sombra, un día me dejaron leer la revista *Resistencia*, que es una publicación de la guerrilla y que editan por bloques (el Bloque Sur tiene su propia edición. De la misma forma mane-

jan la emisora, La Voz de la Resistencia. Cada bloque maneja independientemente sus temas). Pues en la revista
me encontré el comunicado oficial de las FARC, el que le
había comentado a Fabián Ramírez, y efectivamente nosotros no aparecíamos en ese comunicado, que era oficialmente publicado por la revista, y pues mantuve esa preocupación.

Cuando me integraron al grupo de los políticos me
sorprendió mucho que Consuelo González de Perdomo
y Orlando Beltrán, al segundo o tercer día de ese encuentro, me preguntaron si yo estaba dispuesto a pagar un dinero por mi libertad: «¿Yo? Pero, ¿por qué, cómo así?».
Entonces me contaron que habían enviado una carta al
Secretariado, manifestando que estarían dispuestos a dar
un dinero a cambio de su libertad. Yo les dije que me parecía absurdo, me parecía un error hacer eso. Que si nosotros estábamos como secuestrados políticos o retenidos
políticos, me parecía que lo más indicado era mantenernos en esa posición y, además, en mi caso personal yo no
tenía recursos para hacer esa propuesta, y que de todas
maneras me parecía repudiable. Pero la entendía, por supuesto, en ese momento llevábamos casi tres años de secuestro, sin perspectivas, sin ver ninguna posibilidad de
salir de ese infierno, de manera que cabía cualquier tipo
de propuestas. En ese momento comprendí por qué Fabián Ramírez me había dicho que lo nuestro era «mixto».
Lo que me indica que en algún momento se pudo haber
pensado en mi secuestro, no solamente con fines políticos, sino también económicos.

Decisiones colectivas

Creo que en estos encuentros no hubo discusión política por dos razones. Primero, porque ellos no tienen ninguna autoridad para tomar ninguna determinación de manera individual. Por más Mono Jojoy que sea, todo es un colectivo, y más tratándose de este tipo de secuestros o de retenciones, que eran directamente orden del Secretariado General. La segunda razón hay que ubicarla en el tema político mismo, porque las justificaciones políticas no eran claras; es decir, ellos, en el fondo, y no tan en el fondo, no tenían una clara justificación de nuestra situación. La única era la que se expresaba a través de los comunicados y en los medios de comunicación: que nos tenían con el propósito de presionar al Gobierno para una Ley de Canje, que era de lo que inicialmente se hablaba, o, posteriormente, para el intercambio con guerrilleros detenidos en las cárceles. Entonces, no se trataba de que nos fueran a hacer un juicio político por haber votado en favor o en contra de la extradición, o en favor o en contra de la Ley de Extinción de Dominio para Bienes del Narcotráfico, o cualquiera de las actuaciones que a diario se le presentan a uno en el Congreso, en donde hay que asumir algún tipo de posición política. Nunca, nunca se habló de un juicio.

Recuerdo que me contaron que Jojoy había visitado anteriormente a los militares y a los policías. Ya estaban allí Jorge Eduardo Gechem y Orlando Beltrán, quien le dijo a Jojoy: «¿Por qué no nos hace un juicio político, aquí nos sometemos al resultado del juicio, pero resuélvanos de una vez por todas la situación». Nunca, nunca hubo respuesta, ni para él ni para ninguno. Por eso nosotros no supimos realmente cuál fue la causa verdadera del secuestro, si es que la hubo. Lo que entendía era que mi situación era de político secuestrado o retenido con el que la guerrilla presionaba al Gobierno nacional para tomar una determinación de adelantar un canje.

Son siete los miembros que componen el Secretariado General y supongo que cada uno tiene funciones específicas. Raúl Reyes era el vocero de las FARC y el vocero bien podía estar ubicado en la zona limítrofe con el Ecuador o en el Ecuador, como habría podido estar en Panamá o en Brasil o en Perú o en Venezuela; es decir, no creo que tuviera un sitio exacto ni un área geográfica determinada bajo su mando y responsabilidad, su misión era la de mantener unos contactos políticos, avanzar en criterios políticos y emitir unos comunicados, por supuesto, previamente consultados con el Secretariado. También era el vocero frente a los medios de comunicación. Ésa era la misión de él, no era que fuera «el segundo a bordo» como dicen, o como se especula después de su muerte. Era uno más de los miembros del secretariado, el verdadero canciller de las FARC. No como Granda, que los medios de comunicación volvieron canciller, pues a mi modo de ver no tenía esas responsabilidades y creo que las FARC no lo consideran como tal. Más papel protagónico a nivel internacional tenían, por ejemplo, Andrés París u Olga Marín en Europa, o el mismo Marcos Calarcá en México. En fin, hay otros personajes que la guerrilla ha mantenido más en el ambiente internacional que el mismo Granda.

A diferencia de Raúl Reyes, hay otros miembros del Secretariado que sí tienen funciones específicas, militares y geopolíticas, como por ejemplo Joaquín Gómez, el primero al mando del Bloque Sur; el segundo era Fabián Ramírez. Hoy en día, por la muerte de Raúl Reyes y con el ascenso de Joaquín Gómez al Secretariado, en reemplazo de aquél, imagino que Fabián Ramírez estará comandando el bloque.

Cada bloque puede tener a su mando diez, quince, veinte frentes guerrilleros dependiendo de la zona. Inicialmente estuve bajo el mando de Joaquín Gómez, pero no lo conocí. Cuando me trasladaron al Caquetá me entregaron al Bloque Oriental, al mando del Mono Jojoy.

Los otros bloques están comandados así: el Bloque Central por Alfonso Cano; el Bloque Caribe por Iván Márquez; el Bloque Occidental por Jorge Eliécer Torres. Como parte del Secretariado, ellos tienen unas funciones militares y geográficas muy determinadas y muy importantes, y bajo su mando tienen un determinado número de frentes y columnas.

Cómo son los guerrilleros

El rostro de los guerrilleros en general es triste y melancólico. Tienen una mirada apesadumbrada, que cuando refleja odio y resentimiento impacta aún más. En general, su expresión es de desaliento, de desánimo, no proyectan la ilusión de una persona que está haciendo una actividad o un trabajo con gusto; todo lo contrario, se ven resignados. Esto es entendible pues para la mayoría de ellos ha sido la única opción de vida y no una convicción; una única opción de vida que se refleja en tener las tres comidas diarias y una muda asegurada, en un contexto de alto riesgo, de peligro constante, y, por supuesto, con la monotonía y la rutina tediosa y malsana de la selva.

Sólo logré despedirme de uno que otro guerrillero, primero, porque no tuve tiempo, y segundo, porque tampoco me dieron ganas de hacerlo. Yo todavía guardaba rencor, tenía muy frescas esas heridas, todo ese tipo de atropellos de los que fui víctima. Hoy en día siento no haberlo hecho. No con besos y abrazos, pero sí haber tenido la cordialidad de estrechar una mano. Hoy lo haría sin rencor y sin resentimiento. Pero no me nació, lo único que hice en el momento fue coger mi morralito y subirme al helicóptero, y pare de contar.

Yo los llamaba «guerrillos», o por su alias en los casos en que eran relativamente amables. Pero a la mayoría: «Hola, guerrillo, venga, hágame esto, necesito esto». Mi trato con ellos era seco y básico, nunca los traté de «comandante». Algunos sí lo hicieron, fundamentalmente los oficiales y policías. Algunos guerrilleros eran amables, otros no; algunos secuestrados intercambiaban con ellos una sonrisa, de pronto sólo para que les dieran un cigarrillo de más o un pedazo de pan adicional. Eso era básicamente por supervivencia. Tampoco vi consumo de drogas. Con excepción de una guerrillera cubana que era comandante de un grupo, no vi más extranjeros.

Me habría encantado tener la oportunidad de encontrarme con Manuel Marulanda, aunque fuera por treinta segundos. Le habría dicho que cometió un inmenso error, no por el hecho individual de mi secuestro, sino porque todo esto va a ser el final de las FARC. Este asunto de secuestrar civiles y aprovecharlos con fines eminentemente políticos, para mejorar o tratar de mantener una imagen política, cuando han perdido esa sindéresis a nivel internacional, me parece que es el error que va a llevar a las FARC a la tumba.

Incluso los guerrilleros expresaron, muchas veces, que en el fondo no estaban de acuerdo con esa práctica de barbarie que es el secuestro, y no compartían el hecho de que nosotros estuviéramos sufriendo semejante situación. Entre otras cosas porque iba en contravía de los conceptos expresados por Jacobo Arenas, ideólogo de las FARC, quien escribió varios artículos que aparecen en las cartillas, que ellos mismos en alguna ocasión nos prestaron. Ahí se manifestaba de manera transparente su repudio total al secuestro como práctica política, y mucho más como una forma de financiación de la guerra. De manera que a la luz de los acontecimientos de hoy resulta incomprensible que sus discípulos estén practicando justo lo contrario de lo que él predicó en su momento.

Todos los guerrilleros están bien adiestrados en el uso de las armas, en el manejo del terreno, hacen ejercicio físico a diario y se mantienen en relativa forma. Claro que en el último campamento en que estuve la mayoría eran lisiados de guerra, con algunas limitantes. Hacen calistenia diaria y son muy activos. Trabajan de día y de noche. Los mantienen ocupados para que no piensen. Entonces desde las cuatro y media de la mañana hasta las ocho de la noche tienen que cumplir con distintas obligaciones, y después de las ocho de la noche empiezan los turnos de guardia. Entonces los muchachos no pueden darse el lujo de dormir de las ocho de la noche hasta las cuatro de la mañana, que serían ocho horas de sueño, pues de ahí hay que descontar las dos horas obligatorias de guardia, de manera que duermen máximo seis o seis horas y media al día. Para un muchacho joven con un sobreesfuerzo físico de esa naturaleza, eso es insuficiente. Todo esto se transmite en ese rostro de pesadumbre, casi somnoliento, de mirada triste.

Los castigos más usuales para los guerrilleros que no cumplen con las normas establecidas son variados. Uno es hacer trincheras, que es un esfuerzo físico terrible porque tienen un metro con cincuenta de profundidad y un metro de ancho, aproximadamente, y las hacen para prevenir los bombardeos aéreos. Cuando había movimientos, y ya se venía el bombardeo, me metían en una trinchera. Había que estar acostado sobre los brazos y los codos, no se puede poner el cuerpo sobre el piso porque la vibración puede reventarlo a uno. La gracia era estar aislado de las paredes y del suelo para evitar la vibración que es lo que destroza internamente el cuerpo. Entonces, hacer estas trincheras en un terreno húmedo, en un clima infernal, es tremendo. A veces era fácil «paliar» como llaman allá, pero otras veces no por la piedra caliza o por arenas muy difíciles. Nosotros sabíamos lo duro que era eso, porque muchas veces tuvimos que hacer nuestros propios «chontos», o sea el hueco en donde hacíamos nuestras necesidades. Lo hacíamos entre todos, por turnos, terminábamos con las manos destrozadas, ampolladas.

Otro castigo, probablemente uno de los más suaves, era traer leña, veinte, cincuenta, cien viajes de leña, y podían durar perfectamente entre quince y veinte días castigados. Cuando no tenían gas, es decir, cuando no podían meter los cilindros de gas para cocinar en las estufas porque podían ser detectados, entonces hacían unas cocinas «vietnamitas», que eran como dentro de un hueco, y que tenían escapes y salidas a diferentes distancias para distribuir el humo y que éste se esparciera y no quedara concentrado en un solo sitio para que no fuera visible desde el aire. Y en esas cocinas sí utilizaban leña. Era un castigo muy usual el de la leña. El otro castigo era las ranchas. La rancha es la cocina, hacer de cocinero. Todos cocinan a excepción del jefe, era uno de los «privilegios» que tenía. El castigo era tener turnos seguidos, es decir, unos cinco días o diez días seguidos cocinando.

Cocinar era el castigo más sencillo. El más severo era la muerte. La pena de muerte se daba por traición al movimiento, infiltración, intento de fuga, complicidad con el enemigo, violación de una guerrillera o de mujeres de la población civil. El reglamento contempla una serie de causales para esta pena y la aplicaban con frecuencia. Nunca me tocó presenciar una ejecución, aunque sí fui testigo de unos dos juicios, pero no vi cuando se llevó a cabo la condena.

Me tocaron muchísimos casos de deserción. Empezando por el primero que conté, a los pocos meses de estar secuestrado. Más adelante, cuando estábamos en el Caguán, se volaron dos o tres, nunca más volvimos a saber si los mataron o los cogieron. Uno de ellos fue Durán, le decían «Durancito», un muchacho que tenía un físico impresionante, era buena gente, noble, servicial, tenía rasgos indígenas y nos llamaba mucho la atención por su musculatura y su fuerza. Se fue un día con otro muchacho y una niña que estaba recién llegada. Estábamos ahí y los vimos pasar, iban como en alguna de las misiones a las que los mandan, de reconocimiento, de exploración, cacería o pesca, pero no volvieron nunca. Pasaron, como pasaban casi todos los días, y de pronto nunca más volvimos a verlos. No supimos si desertaron, si los mataron, si se los tragó la selva o se perdieron. Pero sí duraron varios días haciendo señales en unos árboles huecos por dentro: al darles un golpe en determinada parte del tronco producen un ruido, que es un eco. Ésa es la guía cuando se pierden, cuando no están orientados, entonces se transmiten esas ondas. Ése fue el ruido que ellos duraron haciendo varios días, dando golpes a esos árboles y tratando de orientarse; incluso veíamos que salían unas comisiones en su búsqueda. Me imagino que a tres guerrilleros conocedores de la zona les queda muy difícil perderse, yo imagino que intentaron escaparse pero no sé si coronaron, o si se entregarían posteriormente a las autoridades, nunca supimos nada.

Los guerrilleros hablaban con mucha frecuencia de la infiltración. Sorprendía cómo allá nadie era amigo de nadie. Todo el mundo sospechaba de todo el mundo: el comandante sospechaba de su mujer, de su socia, ella sospechaba de su marido, y así sucesivamente. No se tenían confianza, no había ni el más mínimo rasgo de compañerismo o de amistad. Y, por supuesto, infiltrado que agarraban era persona muerta, no había excusa que valiera. Ellos comentaban miles de historias sobre el tema, constantemente, pero nunca me tocó ver un caso.

La guerrilla no odia al presidente Álvaro Uribe, es más temor y respeto lo que sienten. Pienso que más odio les pudo haber causado el presidente Andrés Pastrana, porque lo consideraban un traidor frente a unos compromisos que había adquirido. Al presidente Uribe lo respetan por el hecho de que dijo lo que iba a hacer, desde antes de ser presidente, y lo ha venido cumpliendo. Sabían desde el principio que era un enemigo y lo han comprobado en estos seis años de gobierno. Son conscientes de las dificultades que tendrán que lidiar en lo que falta. Por eso considero que para la guerrilla es mucho más fácil negociar un proceso, cualquiera que sea, de acuerdo humanitario o proceso de paz, con un Gobierno fuerte como el del presidente Uribe, y no con gobiernos débiles que no generan al final ninguna confianza, y que por el contrario dieron pie para que ellos se reestructuraran, para que se fortalecieran.

Aunque no pude hablar «políticamente» con integrantes del Secretariado, lo que manifestaban los mandos medios (que pueden reflejar el pensamiento de por lo menos algunos de los miembros de la cúpula de las FARC) era que con Pastrana no se sabía a qué atenerse. Todos los días variaba sus criterios, sus posiciones, y nunca se avanzó, no por culpa de la guerrilla, según ellos, pues en sus mesas temáticas habían ya decantado los puntos que debería adelantar o reformar el Estado. Decían: «El problema con Pastrana es que nunca avanzó en nada. Se dedicó a mandar a una serie de funcionarios a explicarnos cómo era el devenir del país, cómo era la situación económica, cómo eran las cosas, pero nunca se concretaron los puntos esenciales para avanzar en la propuesta, para avanzar en una reforma a la Constitución o a las leyes». Eso era lo que manifestaban con frecuencia los mandos medios y bajos.

Los guerrilleros no sienten nada de solidaridad, nada de compasión, no hay con ellos ninguna posibilidad de ayuda. Si me preguntan por el síndrome de Estocolmo (por cierto el caso más famoso tal vez sea el de la heredera norteamericana Patricia Hearst quien se enamoró de su secuestrador), comprendo de dónde nace esta patología. Digo que lo entiendo porque cuando uno está secuestrado, recibiendo todo tipo de humillaciones, a toda hora, y un guerrillero de repente tiene un gesto amable con uno, pues la reacción inmediata es de agradecimiento, casi que de cariño, de ver que el guerrillero ha hecho algo diferente a tratarlo a uno mal. Tengo un ejemplo perfecto: una vez duramos mucho tiempo sin papel higiénico, alrededor de tres o cuatro meses sin papel higiénico, ¿se imagina lo que es eso? En la ciudad, si por alguna cosa rara no se dispone de este artículo de primerísima necesidad, pues se soluciona con papel periódico, con una hoja, y uno tiene la ducha y puede asearse. En cambio allá no hay más opción que utilizar las hojas de la selva y pare de contar, y esperar veinticuatro horas para el baño, para poder asearse, ya sea en un caño o en un río. Entonces llegaba un guerrillero y nos regalaba un poquito de papel higiénico, automáticamente le cogíamos cariño. Esto es más fuerte cuando se trata de una mujer pues ellas son más delicadas, se cuidan más, son más sensibles y tienen mucho pudor con su cuerpo. Estos detalles amables son los que generan los casos de enamoramiento o síndrome de Estocolmo.

Pero en general ellos adoptan otra personalidad. Se vuelven otras personas, aunque el término de personas les quede grande. Se olvidan de los padres, de los hermanos, de los tíos, de los amigos, de la sociedad. Nadie existe para ellos, absolutamente nadie. Se mueren de la risa cuando escuchan los mensajes de las familias, clamando:

«¡Señor Mono Jojoy, señor Marulanda, señor Timochenko, señor Cano, ustedes también tienen madre, ustedes
también tienen hijos, miren, allá se están pudriendo nuestros hijos en la selva, nuestros esposos, nuestros padres,
ustedes tienen sentimientos, tienen corazón!». Pero la
verdad es que no tienen nada, nada. Ellos viven el día a día,
ellos no tienen sentimientos, ninguno, y eso es lo que
más impacta de ellos, porque eso hace que pierdan los va-
lores, no tienen la más mínima sensibilidad humana.

Una cosa que generaba un gran contraste era ver el
sentido maternal de los animales de la selva: cómo la madre cuida a sus cachorros, los cuida hasta el momento en
que ellos arrancan, cuando vuelan por sus propios medios.
Siempre estaban atentos a dónde estaban sus crías, a darles de comer, a protegerlos. También cuidan a su pareja
y a los otros miembros del grupo, el animal tiene el instin-
to con el hijo o con la pareja o con otros de la especie. En
cambio entre los guerrilleros no había nada, salvo la desconfianza. Entre parejas o «socios» (como le dicen a la pareja), llegaban a extremos de crueldad, como éste: si hay
la más mínima sospecha de que uno de los dos es infor-
mante, o infiltrado, o ha cometido un delito que merezca
la pena de muerte, contemplada dentro del régimen inter-
no de las FARC, pues sin problema ponen al compañero
o al socio de la persona a matarlo. Así de sencillo. Y puede
que estén enamorados, pero a nadie le importa. Yo vi parejas realmente enamoradas, pero si se encuentran en unas
circunstancias de éstas, tienen la obligación de matar a su
pareja, y demostrar que por encima de los sentimientos
existe un reglamento, existe una disciplina, y lo hacen.

Ellos tienen un reglamento que tratan de aplicar a
cabalidad. Es un reglamento mucho más estricto que el

militar, pues están contemplados delitos castigados con pena de muerte. Esta decisión la toman en una especie de consejo de guerra, en donde todos los guerrilleros participan sobre si el caso amerita o no la ejecución, y en esa asamblea toman la determinación por votación. Una vez decretada no hay escapatoria. Los frentes tienen autonomía, los bloques tienen autonomía, todas las instancias de poder la tienen, de la menor hacia arriba, para tomar ese tipo de determinaciones. Pero nunca es una decisión individual, siempre se toma en asamblea comunal. Ellos contaban que ponen a los socios, a las parejas, o a los lanzas, a los más cercanos amigos, a que declaren unos en contra de otros, a que se delaten entre sí y, después, a llevar a cabo la ejecución. ¿Qué sentirán realmente los guerrilleros cuando eso sucede y uno de sus compañeros más queridos es fusilado? Les pregunté varias veces y ellos aparentaban ser supremamente fríos: «¡Nada, nada!».

Los guerrilleros estaban pendientes de los mensajes que recibíamos y muchas veces nos comentaban algo: «Oiga, ahí le mandaron mensaje esta mañana, o al amanecer en «Las voces del secuestro»; sí, por ahí habló su señora, habló su hijo», en fin, estaban pendientes, entonces es posible que tuvieran algo de humanidad, camuflada, reprimida por la misma cotidianidad, por los horarios que no les dejaban tiempo ni siquiera de pensar. En ocasiones le decían a Ingrid Betancourt: «Oiga, doña Yolanda se puso a llorar, su mamá está como muy triste, ¿no?».

Me queda muy complicado creer que los guerrilleros no quisieran recibir mensajes de sus familias, porque por más lavado cerebral, por más que les hayan cambiado su identidad y ahora respondan a un alias, ¿cómo podrían olvidar? Bueno, salvo en casos en los que hubo extrema violencia familiar, violación, maltrato, que eran muy frecuentes. Ellos lo expresaban, uno alcanzaba a sentir el dejo de odio con el que hablaban de sus familias. Sin embargo, creo que en el fondo debe tocarlos el tema del padre o fundamentalmente el de la madre, que es el que más impacta.

Pero seguramente para la guerrilla es un riesgo permitir que reciban mensajes, porque en un mensaje de esos puede camuflarse cierto tipo de información en clave. Es increíble, pero la guerrilla hace seguimientos de todo, en algunos campamentos tienen salas de grabación y graban lo que dicen las cadenas radiales a nivel nacional. Hay guerrilleros especializados en grabar y monitorear. En la sala de monitoreo que alcancé a ver había dos guerrilleros que utilizaban grabadoras viejas y cintas antiguas, como en rollos, me imagino que hoy en día ya no se consiguen, pero allá usaban de ésas.

Esas salas de monitoreo las ponen a funcionar con la energía de pequeñas plantas eléctricas. En las marchas hay personal encargado exclusivamente de manipularlas y transportarlas. Estas plantas también sirven para recargar las pilas. Pero también usaban energía solar: cargaban las fotoceldas para todo, también había muchachos que estaban encargados de llevarlas. Con esas fotoceldas generaban energía para cargar las baterías, para manejar el computador, para lo que ellos necesitaran, por supuesto para ver películas.

Lo cierto es que escuchan la radio a todo momento y están muy pendientes de lo que se dice en las emisoras. Y hasta opinaban sobre algunas noticias que escuchaban: «¡Ah no, es que se volvieron gobiernistas!», por ejemplo.

Cuando la bomba de El Nogal, recuerdo que las primeras expresiones fueron: «¡Ah, no, eso es mierda!, ¡es mentira de la prensa oligarca, de la prensa burguesa, vea, ya nos están echando la culpa!», me refiero a los guerrilleros base, que son los que dejan cuidando a los secuestrados, ellos no conocen qué acciones se van a seguir, quién dio la orden, de qué operativo se trata, entonces ésa es una reacción sin ningún conocimiento de causa.

El nivel de adoctrinamiento político que tiene la base es malo, son muy ignorantes. La mayoría llega sin saber leer o escribir, pero ahí les enseñan, eso es muy importante porque les permiten por lo menos tener algún grado de educación. Después viene el «lavado», que es muy elemental en la base: es la explotación de su miseria, de su hambre, de su falta de oportunidades, de los maltratos a los que se vieron sometidos en la niñez, en la juventud, y que está enfocado en generarles odio y resentimiento. Como han sufrido de verdad, entonces es fácil hacerles creer que están trabajando por un futuro mejor para ellos.

Creo que en el fondo están cansados de vivir en la selva y en esas condiciones. Eso lo reflejan con la mirada. Siempre pensaba que nosotros estábamos ahí, secuestrados, pero teníamos la esperanza de salir y recuperar nuestra libertad; pero ellos no, ellos se quedan ahí, también «secuestrados», porque la deserción es una condena a muerte. No conozco muy bien el tema del ELN, pero me contaban que se podía ingresar y permanecer un mínimo de tiempo, como dos años, y después el guerrillero podía irse para su casa. Inclusive, si había disponibilidad económica en el frente respectivo, recibían una ayuda y se iban. En el mundo de las FARC esto es considerado como el error estratégico más grande del ELN, porque permitió infiltraciones, permitió fuga de información, y la consecuencia ha sido la arremetida oficial que ha permitido casi desmantelarlo.

Ellos reconocen que el ELN tiene un excelente armamento. Parece que en algunas zonas en donde han sido muy fuertes, por la ayuda económica de algunas multinacionales dedicadas al negocio del petróleo, pudieron hacerse a un armamento impresionante. En lo que fallan es en el número de guerrilleros, porque no entran con convicción y no permanecen el tiempo necesario para lavarles el cerebro. Sin embargo, hay zonas del país en donde trabajan en conjunto, reviven la Coordinadora Guerrillera Simón Bolívar para efectos de defender unos intereses económicos comunes. Pero también hay otras zonas en donde hay enfrentamientos permanentes entre frentes de la guerrilla de las FARC y frentes del ELN, únicamente por controles territoriales y fundamentalmente por controles de coca, porque allá a nadie le interesa pelearse por cuidar diez palos o cinco hectáreas que no producen nada; se pelean es por el control de una región que económicamente esté produciendo.

El Caguán es la zona del país donde la guerrilla tiene asiento y dominio territorial, y seguirá siéndolo, porque no hay respuesta desde el punto de vista militar para recuperar esa zona y tampoco hay presencia del Estado a través de inversión social que permita crear un clima y un ambiente para desterrar de una vez por todas la violencia, que se expresa con guerrilla, paramilitarismo o delincuencia común.

Los guerrilleros hoy en día se sienten colombianos, pero sobre todo se sienten bolivarianos; es decir, también se sienten peruanos, venezolanos, ecuatorianos, brasileros. Es la influencia, sin duda, del discurso bolivariano, que es un discurso que viene de tiempo atrás. En la zona del Caguán se creó el Movimiento Bolivariano en la clandestinidad, dirigido por Alfonso Cano, y sus tentáculos se extendieron por todo el país y por buena parte del continente. Y ese discurso ha calado en la base guerrillera; ellos hablan de Bolívar como su ídolo, como su meta, desde el punto de vista político. Hablan de Bolívar, y no porque sean cultos y sepan cuál es el pensamiento bolivariano en sí, sino porque les venden la idea de que Bolívar, al igual que el Che Guevara, fue un revolucionario que se enfrentó al imperialismo norteamericano y que quiso constituir un gran país para competir con ese del norte. Y aunque existe este punto de vista, esta pseudoideología política, este pensamiento elemental y si se quiere romántico, es más la opción de vida lo que los impulsa a formar parte de la guerrilla.

Bolívar, entonces, se constituye en un faro para ellos, en un símbolo. Como pudo ser en su momento el Che Guevara, el ícono del guerrillero, por su figura, por su pelo al aire, por su mirada tensa, dura y penetrante. Algunos de ellos creen que Bolívar está vivo. También preguntaban si había muerto el año pasado, o hace diez años, porque conocen muy poco la historia. Pero sí tienen pleno conocimiento de los integrantes del Secretariado General de las FARC. A algunos de ellos los conocieron en la zona del Caguán, en las famosas mesas temáticas. Marulanda para ellos es un dios, es el respeto absoluto, allá no hay nada diferente a la palabra de Marulanda. Es san Manuel. Lo que a mi modo de ver tiene una justificación: en el Secretariado se vislumbra un ala política y un ala militar. En el ala militar están Jojoy y Timochenko, y en el ala política están Cano, Márquez y Joaquín Gómez. El éxito de Marulanda es que mantiene la balanza en equilibrio. Eso era lo que decían, pero también es mi apreciación por los comportamientos y las actitudes que ellos tenían frente a la figura de Marulanda. Porque a Marulanda le limpian las botas, pero no de manera figurada, sino real y físicamente, lo cargan, lo trasladan, le acomodan la silla, le ponen si pueden una alfombra, le ponen unos cojines, o le ponen unas tablas para que no pise barro, así lo hace Jojoy, lo hace Cano, lo hacen todos los del Secretariado. Es la absoluta reverencia, desde Jojoy y Cano hasta el guerrillero básico.

La mayoría de los guerrilleros son muy jóvenes: de 14, 16, 18 años. Lo que pasa es que aparentan más edad, son muchachos con caras de viejo y con cuerpos de viejo, porque no descansan un día. Los 365 días del año hacen trabajos pesados. Las mujeres además de trabajos físicos hacen trabajos sexuales, entonces las niñas de 13, 14, 15 años tienen caras de viejas. El guerrillero común, el de la base, es muy joven. El mando medio está entre los 25 y los 35 años, los que mandan un frente están por el orden de los 40 y los 45 años, y supongo que en el Secretariado pueden estar entre los 60 y los 65 años más o menos. Y quedan los famosos «marquetalianos», que son los históricos: está Marulanda y creo que un comandante Benítez, son muy pocos los que quedan de la época de Marquetalia, los que iniciaron las FARC, pues son personajes de 80 años, si no más.

La guerrilla está bien dotada. Puede que refleje pobreza, pero no es por falta de recursos sino que no es fácil para ellos conseguir y transportar cien sudaderas, doscientas camisetas, trescientos calzoncillos o cuatrocientas medias, por los cercos militares y el control en algunas áreas por parte del Ejército. Tienen recursos suficientes para mantener en muy buena condición a su tropa, a toda su guerrillerada, pero no consiguen artículos de consumo de una manera tan fácil.

Existen rivalidades entre el guerrillero de ciudad y el guerrillero del campo. El guerrillero del campo es mucho más diestro y hábil. Al que viene de la ciudad le cuesta un inmenso trabajo adaptarse a las condiciones propias de la selva, a las caminatas, a los esfuerzos físicos, a muchas circunstancias que para el nativo de la región son el pan diario y no le generan ningún trauma. Claro que asciende más rápidamente en la escala el que tiene capacidades intelectuales. Eso va creando unas jerarquías y unos privilegios, como tener cocineros exclusivos, comer alimentos mucho mejores que los del resto de la tropa, tener acceso a aparatos de tecnología moderna como DVD, MP3, GPS, relojes finos y ese tipo de cosas.

En la guerrilla existen las «rangueras», que son aquellas guerrilleras que tienen relaciones o amores o se han asociado con los guerrilleros que ocupan un cierto rango, una cierta posición. Como ellos tienen acceso al manejo de dinero y como casi siempre quedan extras, se pueden dar el lujo de comprarles un detalle, ya sea unos aretes, una loción, un perfume, y eso hace que la «ranguera» se sienta superior a las demás, pues tiene algo que la hace notoriamente diferente, pues se genera una condición de superioridad frente a sus compañeras. Esto produce entre ellas muchísimas fricciones y envidias.

La guerrilla recluta mujeres que han sido prostitui-
das casi desde niñas, y para ellas ser guerrilleras representa una opción de vida, aunque en realidad se convierten
en prostitutas de las FARC. Pero la verdad es que la opción
de la guerrilla es «menos peor» que estar en las calles. Por
lo menos tienen aseguradas sus tres comidas, su vestimen-
ta, en fin, se pueden asociar con un compañero, volverse
«rangueras». Aprenden a leer, a escribir, les generan algún
tipo de «inquietudes intelectuales», les dan un arma, se
sienten valientes. Estas mujeres se han vuelto prostitutas
más que todo por la descomposición familiar, que a su vez
es producto de la miseria, del abandono, de la falta de
oportunidades, de la falta de presencia del Estado.

Los guerrilleros, en general, hacen unos ejercicios co-
lectivos de autocrítica, no recuerdo si los hacen los viernes por la tarde o los sábados, pero tienen un día específico en la semana en el que realizan autorreflexiones y en
el cual todos pueden expresarse. El guerrillero más insig-
nificante puede hacerle una crítica al comandante más importante, y poner en consideración de los demás por qué
no está de acuerdo con alguna o algunas circunstancias de
los campamentos. Pueden exponer cualquier tema o asunto. Me parecía un buen ejercicio, en el sentido de construir una convivencia que les permite mantenerse dentro
de una línea y una estructura jerárquica necesaria.

La misión de cuidar a los secuestrados es muy importante y sólo es para aquellos guerrilleros de mucha confianza, pero entre otras cosas para lisiados de guerra. Ellos
permanecen con los secuestrados y hay muy poca rota-
ción, los cambian muy poco. Son muy jóvenes, pero es
que ingresan a la guerrilla aproximadamente desde los do-

ce años, entonces después de cuatro años de ejercicio gue-rrillero ya han adquirido un grado de confianza, de ma-durez, inclusive un grado de envejecimiento prematuro.

Ahora, tiene que haber un ingreso permanente, yo no creo en las cifras de los 6.000 u 8.000 hombres que hoy se plantean. Pienso que pueden estar por encima de los 25.000 o 30.000 hombres como se hablaba hace seis años. A la guerrilla que está en el monte es más fácil cuan-tificarla por el número de frentes y por las áreas donde opera: cada frente cuenta con alrededor de 200 o 300 hombres, como mínimo, pero hay frentes que pueden llegar a tener en sus filas 600 o más miembros, y esto mul-tiplicado por 70, 80, 90 frentes da un número significati-vo. Sin contar las columnas móviles que son independien-tes de los frentes y que se movilizan en áreas determinadas con mucha facilidad. Éstas se dedican única y exclusiva-mente al orden público, son las que hacen los atentados, los hostigamientos, las tomas, etc.

Hay otra guerrilla que opera en poblaciones y es la encargada del adoctrinamiento de la comunidad, del con-trol de la coca, es la que cuida los cultivos de coca y está pendiente de todos los movimientos que se presenten en las áreas. En toda Colombia hay guerrilleros y son muchí-simas las funciones que cumplen, distintas a estar en la guerra. Por eso no hay que subestimar al enemigo, me parece un error minimizar el problema de la guerrilla, de-cir que está diezmada, que se está resquebrajando. Eso no es cierto, eso se dice para mantener tranquila y contenta a la opinión pública.

Guerrilleros versus soldados y policías

Los soldados versus los guerrilleros, los policías versus los guerrilleros. En materia de preparación, de mística, de talento, de inteligencia, de entrega, son bastante particulares estas diferencias. A mí me ha parecido muy importante el proceso en las Fuerzas Armadas de llegar a tener el ciento por ciento de su fuerza compuesta por soldados profesionales. Pero hay muchas cosas que no funcionan. Para comenzar, los soldados regulares no llegan con conciencia de su papel y, por supuesto, no actúan plenamente frente a las misiones que se les encargan. Otro factor es que la preparación es ineficaz porque no la hacen en terreno sino en campos especializados, y esta experiencia es muy diferente a hacerla en el terreno. Para completar, los mandan a zonas diferentes a su hábitat natural, entre otras cosas para que no haya concupiscencia con la población civil, y lo que han perdido es la posibilidad de tener un conocimiento mayor de las áreas. Entonces a un soldado pastuso lo mandan al calor de La Guajira y, por supuesto, sus condiciones de rendimiento son mínimas frente a lo que podría aportar en su propia zona, con sus propios conocimientos de la gente, de la idiosincrasia y del terreno de la región. Son factores en los que sin duda la guerrilla gana: en cada área, en cada bloque, en cada frente, utilizan gente de la región. Claro, como están cerca de sus familias les lavan el cerebro y los tratan de aislar. Son muchachos que desde chiquitos conocen los caños, los ríos, saben dónde están ubicados, y eso facilita hacer planes de evacuación, planes de fuga, movimientos nocturnos, manejar puntos y coordenadas a través de GPS, y por eso han mantenido por completo el control de ciertas regiones.

Antes del secuestro tuve la oportunidad de hablar con un comandante, no recuerdo si era del Ejército o de las Fuerzas Armadas, y nos hizo un paralelo entre lo que representaba anualmente un soldado frente a un guerrillero. El costo del soldado triplicaba el del guerrillero. Las cifras por soldado eran del orden de los 14 millones de pesos anuales, frente a 4 o 5 millones por guerrillero de las FARC, en ese momento. Podría pensarse, entonces, que los soldados están en mejores condiciones, y lo están, pero en apariencia: el uniforme, el equipo, las botas, son mejores. ¡Pero no en armamento! El armamento de la guerrilla es mejor hoy en día al del Ejército colombiano. A mi modo de ver, y según oficiales del Ejército secuestrados conmigo, la guerrilla tiene armamento que nunca se ha visto en el Ejército colombiano. Entonces, quién está mejor ¿el que tiene el mejor vestido o el que está mejor armado?

Además, ¿quién tiene mejor entrenamiento, más capacidad de aguante y de resistencia? ¿Quién conoce la zona? ¡Ahí está el éxito! A mí me parece que parte del fracaso de la fuerza pública en solucionar el conflicto, si se trata de hacerlo con acciones militares, obedece a que no conoce la zona y a que no ha tenido la capacidad de ganarse el respeto y el cariño de la población civil. Una de las cosas que siempre me sorprendió, en todas las marchas, es que la guerrilla siempre pagaba cualquier cosa: la gaseosa, la Pony Malta, «la merca» o algo de comer. Pero no solamente eso, cuando llegábamos a alguna casa aislada y mandaban a preparar un sancocho o a que mataran una gallina para comer, cualquier cosa, lo pagaban. Siempre pagaban. Cosa que no ocurría con el Ejército, por lo menos hace siete años, no sé si eso ocurre ahora. El Ejército llegaba a las patadas, a apropiarse de las gallinas, a llevarse los marranos, a robarse el racimo de plátano, a afectar la pobre economía de la gente de la zona. De pronto también a tratar de abusar y eso fue creando un resentimiento. Esa forma de actuar, de creerse y sentirse superiores por estar en la fuerza pública, es un inmenso error que cometen. Y no tanto los mandos de abajo, sino los mandos medios y altos. Y lo hacen también con sus propios soldados y policías. Eso se refleja en la población civil.

Cuando un campesino le vende una gallina a un guerrillero se gana veinte mil o treinta mil pesos por esa gallina. Esos treinta mil pesos le sirven a ese campesino para ir a comprar la sal, la libra de arroz y la libra de chocolate. Pero eso no indica que ese campesino sea un auxiliar de la guerrilla ni que tenga compromisos con el marxismo, el leninismo o el comunismo. No tiene ni idea de qué es eso. Simplemente la guerrilla es una opción de vida, porque el Estado no le proporciona otra. ¿Por qué la fuerza pública no da esa opción de vida? ¿Por qué la fuerza pública no recluta a esos muchachos?

Si el Ejército cree que reclutar muchachos de la zona puede ser peligroso porque han estado en contacto con la guerrilla o tienen parientes o tienen amigos en ella, o porque sus familias pueden ser influenciadas por la guerrilla, entonces tiene que descartar a la tercera parte de la población colombiana, porque el Estado ha abandonado muchas regiones y no ha habido presencia de la fuerza pública en estas zonas. Entonces los abandonados del Estado ¿son apátridas o guerrilleros o auxiliares de la guerrilla? No. Allá la gente puede ser auxiliar de la guerrilla como también puede ser auxiliar del Ejército. Esto obedece más a un vacío de poder. Hay un vacío de presencia del Estado. La gente se va a la guerrilla muchas veces por intimidación y por necesidad.

Entonces la fuerza pública comete dos errores básicos: desconocer el sitio y no aprovechar o valorar los recursos humanos de la región. En eso la guerrilla les lleva años luz. Es el éxito de la guerrilla o por lo menos el fracaso de la fuerza pública.

Los campamentos y
las marchas

En el último período de mi cautiverio éramos seis secuestrados: los tres estadounidenses, dos oficiales del Ejército, el capitán Juan Carlos Bermeo y el cabo José Miguel Arteaga, y yo. Nos cuidaban entre treinta y cinco y cuarenta guerrilleros, pero nuestros cambuches estaban aislados del campamento de ellos. Solamente se desplazan los que prestan guardia, que se rotan cada dos horas, el resto está concentrado en su campamento. Alrededor de los campamentos hay anillos de seguridad adicionales, grupos también de treinta o cuarenta guerrilleros a 5 o 10 kilómetros a la redonda, en puntos específicos reforzando la seguridad, por eso es imposible intentar un rescate. O bien los anillos de seguridad se dan cuenta de que hay presencia militar por aire o los campesinos que están alrededor de los ríos cuidando los cultivos de coca reportan si ven movimientos por vía fluvial. Los campamentos son casi impenetrables, por eso el factor sorpresa, que podría ser el éxito de un operativo de rescate, es imposible. Ellos escuchan los helicópteros a 20, 15, 10 kilómetros de distancia, reportan y hay tiempo suficiente para armar los equipos y desmantelar los campamentos, pues tan sólo lleva quince minutos hacerlo.

Es que un campamento consta de casi nada, dos palos y un toldo, debajo de esa «casa» se guinda la hamaca y dentro de la hamaca va el toldillo y eso es todo, eso es tu casa. Entonces, uno saca el toldillo y la hamaca, y en cinco minutos ya ha empacado. Y eso es prácticamente todo el equipo, sólo hay que sumarle unos plásticos para poner sobre el suelo, en caso de que haya que dormir así, y la ropa, tres sudaderas, tres pares de medias, tres calzoncillos, tres camisetas, una barra de jabón Rey para lavar ropa, que también es champú y jabón para el cuerpo. Muy raras veces daban jabón para el cuerpo, champú creo que me dieron una o dos veces en todos los siete años. Por eso me impactó cuando me encontré con Ingrid Betancourt y la vi con un champú, yo le pedí que me regalara un poquito, me puse a llorar por el olor a champú que no había sentido en muchos años ¡y era sólo un poquitico de champú! Fue la primera vez que me sentí realmente «limpio». Bueno, en el equipo también va la crema dental y el cepillo de dientes. Más las cosas que uno quiera llevar. Todos procurábamos llevar lo mínimo porque ése era el peso que había que cargar en las marchas. Cada uno cargaba lo propio, allá nadie ayuda, nadie da la mano: si uno no podía pues se quedaba tirado.

Normalmente hacíamos hora y media o dos horas continuas de ejercicio diario, barras, abdominales, ejercicios de todo tipo, incluso trotábamos, obviamente en el mismo sitio, porque el espacio que teníamos era lo que daba la cadena y entonces ahí estaba la hamaca o el plástico en el piso, nos permitían dos o tres palos con horqueta, armábamos nuestro *step* y hágale, ése era el gimnasio, y de pronto de los dos palos guindábamos otro y esa era la barra, lo más rústico, pero lo más práctico.

La mayoría de nosotros hacíamos ejercicio, los tres norteamericanos, los militares e Ingrid. Yo no era deportista, pero durante el secuestro sí hice ejercicio y me inicié en la cultura del deporte, eso se lo debo a Ingrid. Creo que parte de mi salud, no solamente física sino mental fue hacer ejercicio.

Siempre vestíamos con colores oscuros. Nunca permití que me pusieran camuflado, nunca. Porque me parecía, primero, aberrante: no podía ponerme la misma ropa que usaba mi enemigo; segundo, por respeto a las Fuerzas Armadas de mi nación. Pero también por seguridad. Era un inmenso riesgo porque uno podía parecer un guerrillero en caso de que se presentaran operativos militares. Pero nos mantenían con colores oscuros porque la ropa clara refleja cuando se pone a secar y es fácil detectarla desde el aire. El color llama la atención en una selva tupida, si se divisa un color como el rojo o el blanco, automáticamente se sabe que debajo de esa selva, de esa maraña, hay un campamento guerrillero y que no pueden ser campamentos indígenas porque sus hábitats son fácilmente visibles a la aviación. Por eso, cuando advertían la presencia de aeronaves, avionetas, aviones o helicópteros no hacíamos ninguna movilización, sólo tomaban los cuidados respectivos, como tapar con hojas de palma los cambuches para disimular y que no se detectaran desde el aire. Siempre estuvimos en los sitios más tupidos de la naturaleza. Por supuesto, la vista se afecta de una manera tremenda pues los ojos se desacostumbran a los rayos de luz.

Pero uno se acostumbra a los reconocimientos aéreos. La guerrilla y nosotros ya conocíamos la rutina de los aviones: hacían la figura del ocho, trazaban unas coordenadas y al poco rato volvían pero a bombardear. No sentía temor, no porque me las dé de valiente, yo era el primer sorprendido de mi tranquilidad. Pero era una situación de todas maneras extrema.

Por ejemplo, más o menos a mediados del 2003, apareció la aviación y nosotros estábamos encerrados, eran helicópteros con ametralladoras. Empezó la gritería en el campamento. Nos habían puesto un candado en la puerta y no podíamos salir. Pensamos que ahí íbamos a morir. Sentíamos los helicópteros encima de nosotros y el ¡pum, pum, pum! Gritábamos para que nos abrieran, sobre todo los militares y los policías, ¡claro!, ellos sí sabían de qué se trataba un bombardeo. Por fin llegó la guerrilla y abrió el candado. No podíamos salir corriendo porque nos tenían que encadenar por el cuello, de dos en dos. A Orlando Beltrán de la angustia le dio un derrame cerebral, ¡se le paralizó medio cuerpo! Todos salimos corriendo encadenados y al final no pasó nada. Los helicópteros se fueron sorpresivamente. Nosotros los vimos, ahí, listos para ametrallar, y se fueron. ¡Imposible que no nos hubieran visto!

Eran como dos o tres helicópteros, sobrevolando, y no sabemos qué pasó, y Orlando quedó ahí tirado: ¿quién podría cargarlo?, semejante hombre tan grande... Cuando vieron que no había pasado nada más, algunos guerrilleros trataron de levantarlo, y él paralizado, totalmente torcido, el brazo, la pierna, todo. Perdió el habla. A los tres días la recuperó. Después se sometió a unos ejercicios para recuperar los movimientos, asesorado por los policías y militares, entre ellos William Pérez, el guajiro que sabía bastante de enfermería, él lo ayudó mucho a recuperar el movimiento. Esto fue durante seis meses, pero al final logró una superación total. Una eternidad de tiempo, tal vez, pero al mismo tiempo un milagro, pues no le dieron ni un medicamento.

El campamento-cárcel de Martín Sombra

Fue después del encuentro con el Mono Jojoy que nos llevaron a Ingrid, a Clara y a mí al campamento-cárcel que comandaba Martín Sombra. Nos taparon los ojos y nos subieron a un carro al lado de un timbo de gasolina. Con la vibración de la carretera destapada, nosotros tres ahí acurrucados, vendados los ojos, todo encubierto (de pronto porque pasamos por alguna población), muriéndonos del mareo por el olor a gasolina, Ingrid o Clara vomitó, no recuerdo cuál de las dos. No podíamos respirar bien, sólo el vapor de la gasolina. Después llegamos a un sitio, nos bajaron, sentimos que nos estaban subiendo a una lancha. A mí me separaron de ellas y recuerdo que en ese momento Ingrid gritó: «¿¡A dónde se lo llevan, para dónde!?». Como nos tenían vendados, nos asustamos, nunca se sabe qué van a hacer con uno, pero Martín Sombra dijo: «Tranquila, él va en otra canoa pero vamos para el mismo sitio». Alcancé a ver por entre la venda un maletín que era de Ingrid, un morralito amarillo, entonces yo me senté en él pensando que por lo menos si nos iban a separar nuevamente, o nos iban a mandar para lados diferentes o iba a pasar algo, por lo menos iba a darme cuenta, porque tendrían que quitarme el morral o la ropa de ella. Pero nos llevaron a los tres al campamento donde ya estaban los demás secuestrados.

Inicialmente no nos reunieron con los demás. Permanecimos un mes y medio separados porque estaban terminando de construir toda la cárcel, ellos estaban a una distancia de cinco o diez minutos, pero no los veíamos. Sólo vimos a Alan Jara porque Sombra estaba instalando una antena de Sky (había comprado cinco televisores: la idea era que cada campamento-cárcel tuviera su televisor) y no pudo, y nos pidió el favor a Ingrid y a mí. Lo hicimos, pero al buscar los puntos exactos para la recepción de la señal no funcionaba, entonces Sombra trajo a Alan Jara para que tratara. A nosotros nos dio mucha alegría verlo, pero fue una charla de cinco minutos porque Sombra se lo llevó a que viera la antena, pero tampoco pudo arreglarla y lo regresaron al campamento en donde los tenían, también provisional, porque no habían terminado todavía la construcción de las cárceles.

Un buen día, a las seis de la mañana, nos ordenaron que recogiéramos y que empacáramos todo. Como era un sitio provisional, era todo un barrial. Cuando llegamos ya estaban allí Jorge Eduardo Gechem, Gloria Polanco, Consuelo González de Perdomo y Orlando Beltrán. Con mucha alegría nos saludamos, con abrazos, y a los cinco minutos empezamos a ver el desfile: el de los militares y policías encadenados, partía el alma. Ése fue un golpe tremendo. Recuerdo que lloré, verlos en esa situación, encadenados de dos en dos, era verdaderamente grotesco, por decir lo menos. ¡Nunca imaginamos que después nosotros íbamos a terminar en las mismas condiciones! Escasamente nos permitieron mirarlos, la guerrilla no permitió que nos acercáramos a saludarlos individualmente. Quedamos en dos campamentos separados por unas mallas, por alambre de púas y tapados con unas tablas. Ellos estaban en la parte de atrás, nosotros en la parte de adelante, los siete inicialmente. A la semana siguiente llegaron los tres estadounidenses, a quienes también tenían en un campamento provisional, y los metieron con nosotros. Ahí permanecimos durante un año, bajo el mando de Martín Sombra, en una auténtica y típica casa estilo nazi, como si fuera un campo de concentración, completamente rodeada de alambre de púas.

Comida en los campamentos

El desayuno era básicamente caldo de agua con pasta. A veces, cuando pescaban, cuando se presentaban las condiciones en los ríos o caños, lo hacían con pescado. No fue todas las veces, ni mucho menos, pero sí con relativa frecuencia. En época de invierno, cuando los ríos estaban crecidos, la pesca mermaba, tenían que estar en un término medio o casi secos para que aumentaran las posibilidades de pescar algo. Después nos servían una arepa, ¡que nos sabía a gloria!, no faltaba. La preparaban de dos formas: frita o asada, era mejor asada, pero de esta manera la hacían menos porque para asarla requerían mucho fuego, lo que generaba humo, aunque fueran cocinas estilo vietnamita. Normalmente era frita, con todo el aceite del mundo y grandes dosis de colesterol, pero nos la comíamos felices con una taza de chocolate.

A las nueve de la mañana nos llevaban tinto o agua con polvos Royal, que tienen una anilina tan fuerte que los utilizaban para tinturar la ropa y los hilos (o cáñamo) con los que cosen y tejen las correas para los fusiles y para los equipos.

Martín Sombra tenía una panadería en el campamento. Fue la época en que comimos más pan, sobre todo a la hora del refrigerio. Antes habíamos comido muy poco, de pronto cuando un guerrillero traía una bolsa de pan comprado en un pueblo. Sombra tenía guerrilleros especializados en hacer pan y preparaban uno que llamaban «caña», de colores, a base de la anilina Royal. No había relacionado el color de los panes con la anilina, y un día me comí dos o tres cañas de color verde, cuando fui al chonto y vi ese color en la deposición. Sentí pánico, ¡pensé que me iba a dar una infección intestinal terrible o algo peor! Cuando les comenté a los compañeros se murieron de la risa pues sabían que era por la anilina.

Para el almuerzo nos daban arroz y fríjoles un día, arroz y alverjas al otro. En general el menú era siempre arroz y otra harina. A veces lo combinaban también con lentejas, que era el menú menos malo. Cuando había pescado, nos daban pescado, pero no era frecuente. Cada tres o cuatro meses que entraban una vaca, nos daban un pedacito de carne o huesos, normalmente huesos con poco de carne, y pare de contar. De vez en cuando cazaban animales: lapas, chigüiros. Uno que nos gustaba mucho era el cachirri, que es el cocodrilo pequeño, una carne exquisita, el cachirri se alimenta de pescado, de manera que es una carne muy sana y muy agradable. ¡Las colas del cachirri me sabían a colas de langosta, exactamente lo mismo! Bueno, no nos dieron mucho, pero sí de vez en cuando. La carne de venado y la de lapa también eran ricas.

Influía mucho la sazón del guerrillero de turno. Había algunos que tenían como buen toque, como buena mano, y sobre todo con las lentejas, las apreciábamos mucho, no solamente porque algunos las preparaban rico sino por su valor nutritivo. Por mi condición de diabético no podía comer dos harinas, entonces nunca comía arroz y pasta, pues sin droga y sin insulina, sin nada, tenía que cuidarme. Pero sí aprovechaba mucho el arroz y la lenteja, era como la comida especial. Realmente la comida base, lo diario, lo permanente, era arroz y pasta, arroz y fríjol, arroz y lenteja, arroz y arveja, y pare de contar.

Y a las tres de la tarde nos daban lo mismo que en el refrigerio de la mañana: un tinto o agua con anilina, y en la época del campamento de Sombra casi siempre un panecito. Comíamos alrededor de las cuatro y media de la tarde aunque oscurecía normalmente a las seis, seis y pico, pero a las cinco, cinco y media ya estábamos todos encadenados en las caletas y ya no podíamos hacer nada. Nos daban un tarro de esos de aceite y ahí teníamos que orinar, porque no podíamos movernos. Para las otras necesidades utilizábamos una bolsa plástica de las que nos daban para envolver la ropa (para prevenir la humedad y tenerla siempre envuelta en rollos, se enrollaba la camisa, el pantalón, todo).

En los campamentos guerrilleros, en los que eran más o menos permanentes, había gallinas, pero la mayoría de los huevos se los dejaban a éstas para que los calentaran y así tener más pollitos. Los que no empollaban se los comían los guerrilleros. Creo que durante siete años habré comido unos diez huevos en total. Sí había gallinas pero eran para los guerrilleros. Claro, en el campamento de Sombra el pretexto era que los utilizaban en la panadería. No creo que todos los hayan utilizado en la panadería.

Martín Sombra, dentro de toda esa maldad y crueldad, fue una persona relativamente amable. De vez en cuando nos mandaba una botella de whisky, de vodka o de vino. Lo que hacíamos era guardarlas y cuando teníamos varias nos tomábamos nuestros traguitos. Hubo un momento en que Ingrid, Orlando y yo decidimos guardar el agua de panela que nos daban por la noche. Ninguno se la tomaba, entonces me conseguí un timbo como de veinte galones, y lo metí debajo de mi cama, escondido, con el agua de panela para que se fermentara. Mezclábamos esto con whisky o con vodka, y era fuertísimo, tanto para la borrachera como para el estómago. ¡Era el mejor destape de estómago y la mejor manera de tapar el «inodoro»! Una vez emborrachamos a los gringos con eso y la diarrea que les dio fue espantosa. ¡Pobres ellos y pobres nosotros! Teníamos un excusado, una taza que habían puesto por ahí, y duramos como cinco días destapando esa taza.

Para matar el tiempo

A las mujeres y a los hombres nos daban agujas para tejer. Entre otras cosas en la selva son los hombres los que mejor tejen, no las mujeres. Yo fui víctima de los ensayos que Ingrid hizo para mejorar su habilidad en la costura: me ayudó a arreglar una sudadera que me quedaba supremamente ancha y… terminé con unos pantalones estilo torero, ¡quedaron increíblemente feos!, no daban ganas de reírse sino de llorar. Todos nos burlamos muchísimo de esto. Cuando me los ponía, me decían «Manolete», como el torero español. Era una forma de burlarnos de la pericia de Ingrid cosiendo, era bastante malita. Con el correr de los días y con algunas clases que le dieron algunos militares y policías, fue mejorando. Ellos cosían perfecto, había trabajos que parecían hechos a máquina y no a mano. Le daban a Ingrid una serie de indicaciones con mucha simpatía. Entonces, una de las formas de matar el tiempo era cosiendo. Era una distracción y uno cosía cualquier cosa.

Otra de las actividades era la lectura, claro. Pero teníamos muy pocos libros, básicamente la Biblia y *El Quijote*, esporádicamente unas revistas, un periódico, pero muy, muy esporádicamente, una o dos veces al año. Nosotros pedimos libros pero nunca nos los trajeron, salvo cuando el Mono Jojoy le mandó a Ingrid las cosas que ella le pidió en una lista: en esos bultos también había libros, y entre ellos un diccionario enciclopédico Larousse que se convirtió en un instrumento excelente de ejercicio intelectual. Ingrid se dedicaba todos los días a estudiar historia política francesa, siguiendo la historia de los reyes de las diferentes épocas. También estudió la historia de los griegos, de los literatos y poetas griegos, de los romanos, y era una egiptóloga empedernida. Recuerdo que hizo unas fichas bibliográficas sobre emperadores egipcios. Ése fue un libro muy importante para ella, pero se perdió en la marcha de los cuarenta días: era muy pesado y ninguno de nosotros estuvo en capacidad de cargarlo, mucho menos ella, que iba en hamaca con ese problema del hígado. De manera que un buen día un guerrillero se lo quitó con el pretexto de que iba a cargarlo otro y nunca volvió a aparecer. Seguramente se lo botaron. Ella lo reclamó hasta la saciedad, pero sin éxito.

Oíamos radio, leíamos lo que cayera, una revistica, un periódico viejo, el diccionario enciclopédico, leíamos la

Biblia. Por cierto, «El sermón de la montaña» siempre fue motivo de análisis, hasta de discusiones, pero fundamentalmente era una guía para el futuro.

También hacíamos una rutina de ejercicios físicos, y de vez en cuando jugábamos campeonatos de voleibol entre nosotros. Ingrid no jugaba porque decía que siempre había sido mala para los juegos de pelota. Pero los otros sí y últimamente también jugábamos con los guerrilleros. Entonces hacíamos equipos de secuestrados contra guerrilleros o nos mezclábamos. Nos daban una hora, hora y media de juego, nos distraíamos un rato.

Se dice que en la guerra cualquier hueco es trinchera, pero que quede claro que no había contacto con las guerrilleras. Ellas siempre se mantenían en sus campamentos, lejos de los secuestrados y aún más de los militares y policías, porque en alguna oportunidad un militar se fugó con una guerrillera, se habían enamorado, parece que coronaron la fuga. De manera que cuidaban mucho que esto no volviera a suceder. Son muchachos jóvenes que pueden ser atractivos para las guerrilleras y viceversa, entonces evitaban estos posibles «enamoramientos». También las cuidaban por celos, no querían que los secuestrados les fueran a quitar sus mujeres.

Con las secuestradas se presentaron algunas propuestas inapropiadas, también se dio el caso de tratar de tocar a alguna, tampoco faltó el voyerista que se deleitaba espiando cuando se cambiaban, se bañaban o se ponían la ropa. Imagínese usted esos muchachos, diez y once años en esas circunstancias tan difíciles.

Las marchas

Muchos miembros de la guerrilla, tanto hombres como mujeres, son indígenas y, por lo tanto, grandes conocedores de la zona. Por eso eran los guías en las marchas. Ellos iban abriendo «la pica», es decir la trocha. Casi nunca caminábamos por trochas abiertas, sino que ellos iban abriéndolas selva adentro a punta de machete o de guadaña, pero con mucho cuidado para no dejar trillo. Sólo dejaban unas mínimas marcas de guía que hacían con un machete, una raya en un árbol. Entonces íbamos caminando por la selva y era terrible porque no había un camino como tal, sino que caminábamos sobre palos o bejucos, esquivando toda clase de obstáculos como espinas o ramas, y al final de las marchas terminábamos hechos un desastre, con la piel totalmente rayada y sangrando. Y no quedaba el trillo de cien o doscientas personas porque los aguaceros de la selva lo borran. Justo en esas marchas caían aguaceros torrenciales y teníamos que caminar bajo el agua. Los indígenas de todas maneras se ayudaban con la tecnología, para saber en qué coordenadas estábamos, pero el GPS no da los accidentes geográficos como las subidas interminables, que llamábamos «cansaperros», durísimas hasta para el más fuerte. Caminábamos en terreno plano, dele y dele, después vuelva a subir y baje, pase un río, pase un caño, a veces caminando sobre un palito que hacía las veces de puente y manteniendo el equilibrio para no irse abajo encadenado con otro secuestrado. Teníamos que ponernos de acuerdo con el compañero con el que estábamos encadenados para caminar por el mismo lado, y si sentíamos que nos íbamos a caer, teníamos que botarnos del mismo lado para no ahorcarnos con las cadenas que llevábamos al cuello.

En las marchas había personas que no iban vestidas de guerrilleros sino de civil, podían ser milicianos, iban caminando paralelamente a nosotros, como un cerco humano, a lado y lado, con la misión de cuidar que no fuera a haber un ataque, que no hubiera población civil que nos pudiera ver o que cualquiera de nosotros intentara volarse. Marchábamos en tres filas indias: en la central íbamos todos nosotros, en un orden específico para toda la marcha y no podíamos cambiar de lugar: así la marcha fuera de treinta días, si uno arrancaba de tercero llegaba de tercero, y los guardias iban uno adelante y otro atrás. El lugar lo establecía el comandante. Entonces, ponía a las personas débiles intercaladas con las más fuertes (porque ellos les hacen «estudio» a los secuestrados, y saben cuál es el jodido, el conflictivo, el que puede tomar la determinación de fugarse, el violento, el débil), entonces ponen a uno complicado con uno débil, y así sucesivamente, para que no haya complicidad para ciertas acciones.

Las líneas paralelas, a lado y lado de la central, donde íbamos los secuestrados, eran distantes, pero de todas formas alcanzábamos a verlas, sobre todo al final de la marcha, alrededor de las cuatro o cinco de la tarde cuando llegábamos a acampar, porque teníamos que utilizar el mismo caño para bañarnos, y los veíamos a cierta distancia, bañándose, pero también vigilando. Intentar escaparse en una marcha era muerte segura, una estupidez, porque estábamos no sólo encadenados y con un guerrillero adelante y otro atrás, sino con dos barreras humanas a lado y lado.

Cuando iba solo, me llevaban como perro, como cuando la gente saca el perro al parque a orinar. A Ingrid también la llevaban así. Nos llevaban como perros con cadena, creo que si no lo hubiera vivido pensaría que esto sólo puede pasar en una novela de terror y no en la vida real.

La marcha de los cuarenta días

Cerca del campamento de Martín Sombra debía haber un cerco militar porque dejamos de escuchar el movimiento de las lanchas de los guerrilleros que salían y entraban. En ese período de tiempo, que duró unos dos o tres meses, nos quitaron los radios pues la guerrilla creía, erróneamente, que los radios podían ser transmisores de señales. Nosotros tratamos de explicarles que los radios eran sólo receptores, pero no hubo caso. Cada vez que sentían un avión nos hacían apagar los radios. Hasta que un buen día Martín Sombra tomó la determinación de quitárnoslos.

Pero yo creo que a ellos lo que realmente les preocupaba era que los norteamericanos tuvieran microchips incrustados en su organismo, porque coincidencialmente cuando ellos llegaron al campamento, empezaron a verse aviones de manera casi que permanente. Creo que justamente como prevención por esos microchips tomaron la determinación de quitarnos los radios. Pero lo cierto es que sí había presencia aérea en la zona.

Yo tenía un radiecito Sony casi desde el mismo día del secuestro. Ingrid tenía otro pero se lo prestaba a Gloria y a Jorge Eduardo porque oía radio conmigo. La guerrilla no la había visto con radio. Entonces, cuando llegó la requisa y nos quitaron todos los radios, Ingrid logró esconder el suyo porque ellos no lo tenían presente. Y ese radio fue la salvación porque nos facilitó estar informados y distraídos. Para poder escuchar clandestinamente la radio, prestábamos guardia. Con ese radio fue que Jorge Eduardo, Orlando y yo nos enteramos de la muerte de nuestras mamás. Fue un dolor que no pudimos manifestar, tuvimos que llevar el luto por dentro, pues los guerrilleros no podían darse cuenta de que teníamos radio.

También nos enteramos de que habían soltado a los hijos de Gloria Polanco. Sentimos mucha emoción, todos estábamos felices, pero calladitos. Gloria lloraba y gritaba y nosotros: «Cállese, que la guerrilla se da cuenta y nos metemos en un lío». Como a la hora, cuando pasó la emoción, entró uno de los comandantes guerrilleros y llamó a Gloria: «Le tengo buenas noticias, sus hijos han sido liberados». Ella sólo dijo: «Ah, bueno». No hizo ningún gesto de emoción, claro, y nosotros pellizcándola: «Llore, grite, haga algo», porque si no demostraba alegría iban a saber que nosotros ya nos habíamos enterado y cómo había sido. Entonces ella empezó a gritar: «¡Ay, sí, ay qué felicidad, ay qué felicidad!», y todos gritábamos ayudándola a disimular.

Para que no se nos gastaran las pilas teníamos que prender el radio sólo para oír los titulares de las noticias y apagarlo, no sabíamos cuánto tiempo nos iban a durar. Cuando nos permitían tener radios nos renovaban las pilas periódicamente: nos daban cada mes y medio o cada dos meses un par de pilas, por supuesto había que tasarlas, no podíamos excedernos, y bueno, tampoco había forma de excederse por el horario en que había señal.

Tuvimos que salir de este campamento por el riesgo que corríamos de un rescate o ataque militar. Desde el inicio fueron complicadas las cosas porque Ingrid se enfermó, no pudo caminar y la mayor parte del viaje lo hizo en hamaca. Lo mismo pasó después con el teniente Raimundo Malagón, que ya venía enfermo de una pierna y no pudo caminar más. Fue una marcha muy difícil y aguantamos mucha hambre, pues habíamos salido de repente y llevábamos muy poca comida. Comíamos únicamente agua con arroz, una sola vez al día, normalmente a las once de la noche. Nos levantaban a las cuatro de la mañana y caminábamos hasta las cinco de la tarde, y cuando se acabó el arroz, después de 35 días, el hambre que sentimos fue brutal. Además de estar marchando en esas condiciones, estábamos famélicos. Si hubiera habido una prueba de supervivencia en ese momento, no habría habido la menor duda de que éramos de Biafra, hubiera sido un espectáculo atroz, acabados, todos, los militares, los policías, todos. Y, claro, los guerrilleros, porque también estaban aguantando hambre. En ese estado de desespero terminamos comiendo mico: no había nada más y llevábamos como tres días sin comer. Entonces mataron unos micos. Uno cayó herido frente a nosotros y nos miraba y nos mostraba la mano llena de sangre como pidiendo ayuda o como recriminándonos su herida. A las dos horas estábamos comiéndonos ese miquito. ¡Hasta dónde llega el sentido de supervivencia! El cuerpo humano absorbe todo y más en esas condiciones. No nos enfermamos pero sí nos quedamos con esa impresión que nos marcó. Sin duda esta marcha fue de lo más duro que tuve que vivir durante el cautiverio. Después de esta marcha nos separaron a todos, hicieron grupos y a los gringos se los llevaron para La Macarena.

Episodio macabro en La Macarena

La presión en los campamentos es bastante fuerte, más cuando están ubicados en zonas donde el diario vivir son los operativos militares. Eso lo vivieron los gringos cuando estaban en La Macarena y les tocó la política de erradicación de cultivos de la zona. Uno de los guerrilleros que los cuidaba, que era amable, les prestaba el radio. Entre otras cosas, estaba desesperado por el entorno, por estar huyendo permanentemente y también por las fricciones con el comandante. Pues un día, delante de los tres, alrededor de las siete de la noche, cogió el fusil y se pegó un tiro en la barbilla. ¡Se mató delante de ellos! No aguantó más la presión. La reacción del comandante fue: «Rápido, rápido quítele la ropa para que no se manche de sangre. Échenlo ahí al hueco». Lo arrojaron a una trinchera, le echaron tierra y al otro día cambiaron de campamento. El afán era que la ropa no se manchara de sangre y que no se ensuciara el arnés. Los tres norteamericanos estaban estupefactos viendo esa escena. Ninguno jamás se imaginó que eso pudiera verse en el mundo. A ellos esto los marcó de por vida, lo contaban y lo narraban con un sentimiento y una inmensa pesadumbre. No imaginaban posible una situación de ésas, de pronto en una película, pero no en la realidad. Sin duda, fue una experiencia muy, muy fuerte, que refleja el grado de deshumanización de la guerrilla.

Seis meses encadenados por el cuello

Yo dormí solo casi todo el tiempo, pero me tenían encadenado de la garganta a un palo las veinticuatro horas del día, desde el 25 de julio del 2005. Fue en los últimos seis meses de mi cautiverio que me pusieron a dormir con uno de los tres norteamericanos, con Tom Howes. Nos encadenaron a los dos, todo el día y toda la noche. Todo el tiempo. Todo el tiempo, después del intento de fuga. Desde julio del 2005 hasta casi el día de la liberación estuve encadenado. Tom y yo dormíamos encadenados, él en una hamaca y yo en las tablas, pero amarrados con una misma cadena. De noche pasaban esas cadenas alrededor de un árbol, entonces no había posibilidad ninguna de que pudiéramos fugarnos o caminar, porque si yo me movía o él se movía quedábamos enredados al árbol. Las cadenas las cargábamos alrededor de la garganta.

Uno se acostumbra al peso de la cadena y al del candado, que fastidia muchísimo, sobre todo de noche, porque yo dormía en algunas oportunidades en hamaca. Eran unas hamacas supremamente estrechas, escasamente cabía uno, entonces no había movilidad y el peso de la cadena y el candado molestaba muchísimo. Pero eso se supera, el cuerpo humano se adapta. Lo que sí es difícil es cicatrizar la humillación, la laceración del alma con esa infamia, con las actuaciones desalmadas de la guerrilla. Y ellos, con el lavado de cerebro que les hacen, ¡no sienten nada frente a la imagen de una persona encadenada! Pierden cualquier asomo de humanidad y al perderlo no sienten nada frente a nadie, y menos compasión o lástima.

La libertad

El sábado 26 de enero del 2008 me desperté a las doce de la noche como de costumbre para escuchar el programa «Las voces del secuestro». Oí que decían: «El primer mensaje es para Luis Eladio Pérez de Rocío Coral, Ipiales». No recordé en ese momento de quién se trataba. Pensé que era alguna amiga de Nariño. Pero el mensaje era muy raro: «Tranquilo doctor Eladio, usted va a empezar a caminar la marcha de la libertad, usted ya es un hombre libre. Esté tranquilo. Ya son muy pocas las horas que le quedan en cautiverio». Hizo alusión a que era domingo, ya estaba amaneciendo, y dijo: «Póngase a las cinco de la tarde en comunicación conmigo mentalmente. Hoy voy al santuario de las Lajas, allá en Ipiales, a rezar por usted». Pasó el mensaje y yo no le puse mayor atención, pero los norteamericanos que estaban escuchando me preguntaron inquietos todo el día por el mensaje.

Empecé a recordar de quién se trataba: era una mujer que había sido muy amiga de mi padre y que en algunas oportunidades leía las cartas o algo así. No la conozco personalmente, pero recuerdo que cuando fui gobernador de Nariño ella me ayudó en un enfrentamiento muy fuerte que tuve con la Aduana: hice unas denuncias sobre el contrabando, que con la complicidad de la Aduana estaba traspasando la frontera (1987 o 1988), y eso estaba causando muchos problemas a la economía de la región. Las denuncias me ocasionaron tantas amenazas que tuve que sacar a mis hijos de Nariño. Bueno, pues esta señora un día cualquiera me llamó a la Gobernación y me advirtió sobre esas amenazas, que efectivamente después los organismos de seguridad comprobaron, y me ayudó a evitar que a mis hijos les pasara algo y a tomar las medidas que en su momento fueron necesarias. Entonces empecé a recordar de quién se trataba y toda esa semana, del 28 de enero hasta el 2 de febrero, estuve pensando mucho sobre la razón de su mensaje.

La marcha hacia la libertad

El sábado 2 de febrero, siguiendo el mismo horario y rutina, me levanté, encendí el radio y sintonicé bien la señal, cuando escuché que emitían un supuesto comunicado de las FARC en el que manifestaban que iba a producirse la liberación de Gloria Polanco, de Orlando Beltrán y la mía. Quedé estupefacto, pero debo confesar que no creí que se tratara de un verdadero comunicado de las FARC, creía que obedecía simplemente a una información periodística o a un rumor. Ya era el amanecer del 3 de febrero y empezaban las familias a hablar del tema y alguna de ellas comentó que la noticia la habían escuchado a través de la televisión. Supe ahí que el comunicado sí era oficial, que lo tenían todos los medios y creí que era cierto. Recuerdo que en esos momentos de duda mi compañero de caleta, Tom Howes, me decía: «¡Lucho, libertad; Lucho, libertad!», pero sólo hasta las tres de la mañana fui consciente de la magnitud de la noticia y empecé a disfrutarla. Nos acordamos del mensaje del programa anterior y por supuesto la sorpresa fue aún mayor.

Los guerrilleros que me cuidaban no me comentaron nada. Amaneció ese día y todos los que estábamos en cautiverio hablábamos con alegría de la información, y al mismo tiempo con expectativas sobre lo que diría la guerrilla, pero ese domingo 3 de febrero no dijeron absolutamente nada. Sin embargo, en las noticias escuchábamos que la repetían una y otra vez como primicia. Sólo al día siguiente, lunes 4 de febrero, cuando llegó Ingrid Betancourt con el otro grupo y logré verla tan sólo cinco minutos porque me cogió un guerrillero y otro se la llevó, un guerrillero me dijo: «Empaque sus cosas».

El domingo había alcanzado a decirle a los cinco compañeros que estaban conmigo que escribieran cartas rápidamente para que yo las llevara. Les dije que si querían, me arriesgaría. Los tres gringos escribieron sus respectivas cartas y los dos oficiales escribieron las suyas. Las terminaron en las horas de la tarde y yo las escondí dentro de mi ropa. Por supuesto, al otro día, cuando el comandante me dijo que empacara, ya tenía todo listo. Me retiraron inmediatamente, con la advertencia de que si llegaba a intentar sacar alguna cosa me devolverían; que no me fuera a poner de gracioso ni a tirármelas de muy machito.

Permanecí unos cuatro días separado de todo el grupo, pero en la misma área, como a quinientos metros del campamento en donde estaba Ingrid con los que habían sido mis compañeros. Al cabo de ese tiempo me subieron a una lancha y en pleno aguacero me llevaron río arriba a un punto que quedaba a unas ocho horas de ese campamento. Llegamos como a las cinco de la tarde y ahí me entregaron a un grupo de guerrilleros que nunca había visto. Continuamos el camino esa misma tarde como hasta las diez u once de la noche, pero en unas condiciones diferentes: me cargaron el equipo para que no me cansara tanto. Así iniciamos la marcha hacia la libertad, que duró unos catorce días y unos 230 kilómetros.

Nos fuimos por un terreno no muy boscoso ni muy selvático, era relativamente despejado, muchas veces por trochas e inclusive por una carretera. Hubo un momento en que advertimos la presencia del Ejército: después comprendí que se trataba del famoso «cerco humanitario». Entonces la guerrilla se dio cuenta y recibió instrucciones, nos desviamos del camino que supuestamente teníamos que llevar y empezamos a abrir trocha. Nunca vimos al Ejército pero sabíamos que estaba cerca: había sobrevuelo de helicópteros y de aviones, no sobre nosotros sino a relativa distancia, pero pensábamos que eran fumigaciones. Cuando fumigan hay helicópteros sobrevolando, prestando guardia a los aviones que están haciendo el trabajo, para evitar que haya disparos y hostigamientos. El helicóptero ahuyenta, espanta, y puede servir de fuerza de choque para evitar atentados. Después nos enteramos de que no eran fumigaciones, sino que estaban desembarcando hombres del Ejército en diferentes puntos. Nos alejamos y ahí emprendimos una marcha muy difícil de cuatro días abriendo trocha. Fue difícil entre otras cosas porque durante tres días hubo nubes y nubes de unos insectos, los que llaman «manta blanca», que son muy pequeños y pican, ¡era impresionante la cantidad que había!, era muy difícil andar.

Y así estuvimos unos tres o cuatro días hasta que volvimos a caminar por trayectos despejados. Ellos decían que ya había pasado el peligro, que ya no había rastros del Ejército, pero siempre se sintió una tensión particular a partir de ese tercer o cuarto día. Cuando parábamos a descansar, a armar cambuches sobre el camino, por las noches yo prendía el radio hasta el amanecer, como hasta las cuatro de la mañana, y escuchaba las noticias sobre la expectativa: nuestras familias en Caracas, las entrevistas que les hacían, pero se hablaba de que todavía faltaba que las FARC dieran las coordenadas para la entrega.

Llegamos al caserío de La Paz, en el Guaviare. Nosotros en alguna oportunidad, en el año 2004, habíamos pasado por allá, cuando hicimos la gran marcha y nos separaron en grupos. Lo recuerdo porque nos pusieron a todos en el platón trasero de una camioneta, era de noche y alcanzamos a ver una valla que decía: «¡Bienvenidos a La Paz, Guaviare!». Pero cuando de regreso volví al mismo caserío, pasó una cosa curiosísima. Supuestamente tenía que recogerme el comandante Asdrúbal, el encargado del grupo que haría la entrega final. Se suponía que ese comandante llegaría por mí a las nueve de la noche. Nosotros llegamos alrededor de las cinco o seis de la tarde y me subieron en una canoa. Me tenían en esa canoa esperando en el río, esperando, esperando, y no aparecía nadie. Había población civil pero me cuidaban los guerrilleros. Era la primera vez después de casi siete años que veía un bombillo; se oía música en los bares; había movimiento de gente en el pueblo, y yo ahí esperando en el río.

Como a las diez de la noche estaba muy cansado y le pregunté al comandante si podían darme algo de tomar, una gaseosa o algo así, y él me dijo que sí, que con el mayor gusto, y me hizo bajar de la canoa y me llevó a un billar, ¡a un billar! Para mí fue impactante. Lo recuerdo muy bien porque además me afectaba mucho la luz; imagínese cuánto tiempo sin ver un bombillo… Yo me quedé en la puerta y los guerrilleros entraron con uniforme y con las armas, con todas las de la ley, y fueron a pedir unas gaseosas. En el billar estaban jugando unas dos o tres personas; pero en una mesa del fondo había un señor sentado tomando cerveza. El señor se quedó mirándome y yo me quedé mirándolo a él. La cara que hacía era como si hubiera reconocido al mismísimo demonio. Yo me asusté tanto que le dije al comandante cuando me trajo la gaseosa: «Hombre, yo estoy como incómodo, aquí la gente me está mirando y puede ser peligroso, uno nunca sabe». Él me respondió: «No, no se preocupe que toda la gente aquí es nuestra». Sin embargo, cogí la gaseosa y me bajé otra vez a la orilla del río a esperar al grupo final que supuestamente me recogería.

Pero el grupo no llegaba y los guerrilleros se asustaron. Me metieron en una casa desocupada, en una finca por ahí, porque no sabían qué hacer, estaban como desesperados, no tenían comunicación, no sabían lo que estaba pasando. Nos quedamos ahí casi toda la noche charlando. Cuando amaneció ellos pudieron por fin tener comunicación, a las siete u ocho de la mañana. Les comentaron que habían sufrido problemas con un motor fuera de borda y que no habían podido llegar a recogerme, y acordaron que al mediodía lo harían. Entonces me dieron la orden de bañarme en el río. Me bañé, me cambié, y a esperar que fueran las doce del mediodía para que me recogieran.

El cerco humanitario y la despedida

De pronto escuchamos por radio a Juan Manuel Santos, ministro de Defensa de Colombia, hablando del cerco humanitario. Dijo: «Sabemos que a Luis Eladio ya lo tienen, lo acaban de entregar al grupo y se acaba de unir con Gloria Polanco y con Orlando Beltrán». Manifestó que Jorge Eduardo Gechem venía atrás, que lo traían en una hamaca, y que estaba a unos quince kilómetros. De la liberación de Jorge Eduardo me enteré en ese momento y me dio mucha alegría. Sí, venía Jorge Eduardo a quince kilómetros, pero no estaba enfermo, ni en hamaca, ni muriéndose, como decían. A mí finalmente me recogieron ese día a las doce, y Jorge Eduardo llegó como a las once de la noche al campamento y ahí nos encontramos los cuatro. Pero cuando escuché toda esa información entendí que ese señor que estaba en el billar y se sorprendió mucho al verme, seguramente me reconoció, y se dio cuenta de que todavía no me habían entregado como había dicho el Ministro, pero pudo haber filtrado la información.

Las declaraciones de Santos sirvieron para alertar al mundo sobre el riesgo que implicaba una operación militar, si de eso se trataba; es decir, para que todo el mundo se uniera y dijera: «¡Cuidado, cuidado, no se metan que ya están cerca!». Porque para nosotros esa declaración fue terrible. Ahí comprendí que estábamos en un cerco del Ejército. Y Jorge Eduardo tuvo la misma sensación porque posteriormente la comentamos; lo mismo les pasó a Gloria y a Orlando. Y entendimos la gravedad del momento porque, así tuvieran o no la orden de atacar o de hacer un intento de ataque, el hecho de tener a cien me-

tros de distancia unas fuerzas contrarias podía generar
pánico en cualquier momento. De hecho, había pánico,
miedo, mucha tensión y nerviosismo. Eso era lo peligroso: que en un momento dado se pudiera realmente cru-
zar la guerrilla con el Ejército y que se desatara un combate en el que todos pudiéramos morir. De todas maneras
yo había decidido que, pasara lo que pasara, no me devol-
vería al monte por ningún motivo. Los cuatro pensamos
que si se presentaba un cruce pues allá moriríamos. Estábamos más preparados para morir que para vivir. Nos
aterraba pensar que la guerrilla tomara la determinación,
en represalia a ese cerco humanitario, de suspender el operativo de liberación y devolvernos al monte. Ésa fue la
real angustia. Yo en ese momento les dije a mis compañeros: si eso llega a suceder, me hago matar. Me le habría
botado a un guerrillero para tratar de quitarle el fusil a
sabiendas de que ahí quedaría muerto, pero no me devol-
vería a la selva. Fue una clara determinación. Creo que
Jorge Eduardo estaba en la misma tónica, y en general todos pensábamos lo mismo, ¡ya era más que suficiente!

El momento del encuentro con ellos tres fue muy
emocionante. Fue de muchísima alegría, lloramos, nos
abrazamos, hacía cuatro años que no nos veíamos. Por supuesto, nos actualizamos sobre las últimas novedades de
ese martirio y sufrimiento. Los guerrilleros trataron de ser
amables pero tenían limitantes. Cuando estábamos en
cautiverio siempre pensábamos que en los últimos días
las FARC tratarían de ser lo más agradables que pudieran
para que no saliéramos a hablar tan mal. Pensábamos que
nos iban a dar muy buena alimentación, en lo que nosotros denominábamos la «operación engorde», para no li-

berarnos tan famélicos, pero resulta que eso nunca se produjo. Lo único que nos dieron en esos días fue plátano: plátano por la mañana, al mediodía y por la noche. Ese grupo estaba muy mal, no tenían absolutamente nada de provisiones, trataban de rebuscarse un racimo de plátano o cualquier cosa. Sin duda ese cerco humanitario los asfixió y no permitió el ingreso de alimentos, porque muy seguramente en otras circunstancias hubieran traído comida para hacernos subir un poco de peso.

Durante esta marcha hacia la libertad, yo seguía cargando la cadena. Durante el día la llevaba dentro de mi equipo, pero por las noches, a la hora de dormir, me la ponían al cuello. Pero cuando me entregaron al grupo de Asdrúbal, yo no mencioné para nada el asunto de la cadena, y ellos tampoco dijeron nada. Entonces esos dos o tres días que estuve con Orlando y con Gloria y que llegó Jorge Eduardo, no me pusieron la cadena. ¡Yo tampoco iba a ser tan estúpido de decir «aquí la tengo»! La escondí en la parte de abajo de mi equipo. El comandante no me dijo nada y pasé esas dos noches, por primera vez después de muchos años, sin cadena. Después pensé en sacarla para mostrarle al mundo el horror del secuestro y mi intención era bajarme del helicóptero encadenado.

Al segundo día de estar los cuatro reunidos dieron la noticia de que se habían entregado las coordenadas. En ese momento descansamos porque el Gobierno aceptó inmediatamente la propuesta del presidente Chávez de suspender los operativos en el área, y se dijo también que el alto comisionado del Gobierno colombiano, Luis Carlos Restrepo, viajaría a San José del Guaviare para dirigir todo el operativo. Como estábamos escuchando todo el movimiento por radio, nos dimos cuenta de que realmente la cosa iba en serio. Ese día por la tarde fuimos a bañarnos al cañito donde estábamos, y el comandante Asdrúbal nos dijo muy atento: «Pueden estarse media hora», porque normalmente nos daban quince o veinte minutos para el baño y el lavado de la ropa. Estaba haciendo un sol muy agradable, y yo me conseguí una de esas esponjillas que se usan para limpiar las ollas y empecé a molestar: «Bueno, echémonos un bañito y limpiémonos bien con "estropajo" porque mañana en Caracas el encuentro es cuerpo a cuerpo». Y así seguimos molestando los cuatro, ya sintiéndonos en libertad y tranquilos porque ya estaban las coordenadas, ya habían anunciado que a las dos de la mañana los helicópteros salían desde Venezuela, que hacían esa famosa escala en Santo Domingo, y que el doctor Restrepo ya se encontraba en San José; es decir, ya la cosa tenía más forma. Nos demoramos como una hora bañándonos porque entendíamos que ésa era nuestra despedida; sentíamos la libertad porque la guerrilla nos estaba dejando unos minutos de más para nosotros.

Pero cuando íbamos subiendo del caño hacia las caletas encontré toda mi ropa tirada: nos habían hecho una requisa y me habían encontrado todas las cartas y la cadena. Lo único que logré salvar fue lo que llevaba en el bolsillo de mis calzoncillos: las cartas de los dos militares a sus familias, la de Tom a su esposa y unos bordados que Marc había tejido para sus hijos. Eso fue lo único que se salvó. Yo había guardado dentro del dobladillo de las mangas de una sudadera todas las cartas de los estadounidenses para el presidente Bush, para los tres candidatos presidenciales y para la prensa estadounidense, pero me las quitaron. De Ingrid también traía cosas: la correa que había tejido (que se la quitó en el momento en que nos encontramos y me pidió el favor de que se la entregara a Mélanie) y unas camisetas y unos sombreritos tejidos por ella que yo le ayudaba a cargar, y que quería que repartiera entre su familia. Pude entregarle ese paquete a Yolanda porque, como era ropa, los guerrilleros pensaron que era mía y por eso se salvó.

En esa requisa también encontraron, por supuesto, la cadena. Yo pensé que hasta ahí había llegado mi libertad porque me lo habían advertido. En ese momento se me acercó el comandante Asdrúbal, muy furioso, y me dijo: «¿Usted por qué llevaba la cadena y no había dicho nada?». Yo le dije: «¿Usted me cree tan pendejo?, yo podré ser pastuso, pero no güevón. Si usted quiere encadenarme, eso es problema suyo. No voy a ser tan imbécil de pedirle que lo haga». Entonces se fue con la cadena sin decir nada sobre el asunto ni sobre las cartas. Cuando estaba más calmado volvió, y yo le dije: «Hombre, entrégueme las cartas. Esas cartas le convienen a la guerrilla porque son de los americanos dirigidas a Bush, justamente clamándole al presidente su ayuda». Incluso le propuse que si quería se las traduciría. Entonces lo hice, pero por supuesto inventando y cambiándolas un poco. Como los guerrilleros no entendían inglés, yo acomodaba las cartas diciendo: «Aunque la guerrilla nos ha tratado muy bien, estamos desesperados. Queremos, señor presidente, que no nos deje morir»; No podía precisarle lo que estaba escrito en las cartas; se las traduje de esa manera para que accediera, pero no aceptó, no aceptó y le rogué hasta el último minuto. Le dije: «Mire, entréguemelas, a la guerrilla le conviene, llame al Secretariado, consúlte-les»; porque yo sabía el valor que esas cartas podían tener y sobre todo que podían sensibilizar al mundo por el solo hecho de que eran cartas de los norteamericanos a su Gobierno. Pero fue imposible.

El momento esperado

Estábamos durmiendo a unos cien metros de un cocal, tu-vieron que quemar una parte para despejar el área a don-de llegarían los helicópteros. Dormimos con la ansiedad del momento, con la expectativa de que amaneciera rápi-do. Al día siguiente nos levantamos con una ilusión enor-me. Nos llevaron cualquier cosa de desayuno y se acercó todo el grupo de guerrilleros a ver qué íbamos a llevar y qué no, pero no con en el ánimo de quitarnos nada, sino para ver con qué podían quedarse que les pudiera servir. Efectivamente había varias cosas: la hamaca, el toldillo, unas prendas de ropa, y otras cosas. De hecho lo único que saqué fue mi billetera con todos mis documentos, que nunca me quitaron, la chaqueta que tenía puesta cuando me secuestraron y las cosas de Ingrid.

Nos llevaron alrededor de las nueve de la mañana a una casita. Seguimos todo por radio, la transmisión espe-cial y así nos enteramos de que ya venían Piedad Córdoba y el ministro Rodríguez Chacín en uno de los helicópte-ros, que en el otro helicóptero venía la comisión de la Cruz Roja Internacional, que venían unos médicos y unos paramédicos para atendernos, que los helicópteros ha-bían salido desde las dos de la mañana de Caracas, que habían aterrizado alrededor de las cuatro y media o cinco de la mañana en la base de Santo Domingo, que estaban desplazándose en ese momento a San José del Guaviare. En fin, estábamos siguiendo toda la película por radio, pero la angustia y la ansiedad era que llegaran los helicópteros a donde estábamos.

La dueña de la casita, una campesina de la región, era muy atenta y tenía unos árboles frutales. Me puse a bajar guayabas de un árbol, y cuando menos me di cuenta Gloria, Jorge Eduardo y Orlando ya se las habían comido todas ¡y no me dejaron ni una! Con eso nos reímos un rato hasta que sentimos los helicópteros… Nos dio una alegría y una emoción indescriptibles, pero hubo un momento muy angustioso: empezaron a sobrevolar los helicópteros y a nosotros no nos permitieron salir en ese momento de la casa; nos ordenaron que nos quedáramos ahí y los helicópteros sobrevolaban y sobrevolaban. Al final terminamos saliendo, y nosotros los mirábamos haciéndoles señales y saludándolos, y de pronto vimos que los helicópteros empezaron a irse. Nos comenzó una angustia espantosa y empezamos a hacer todo tipo de movimientos gritando desesperados: «¡Aquí, aquí, aquí estamos!». Yo pensé, «mierda, ¿será que se equivocaron de coordenadas o algo?, ¿será que no nos vieron? Pero estaba absolutamente despejado y los guerrilleros estaban entre los matorrales; no salían porque el viento que producían las aspas revolvía el hollín y la ceniza que había quedado de la quema del día anterior. Pero por fin dieron una vuelta… y regresaron y, ¡pum!, aterrizó el primer helicóptero. «¡Jueputa!», dijimos, «¡ahora sí somos libres!».

Del primero se bajaron los de la Cruz Roja pero nosotros seguíamos escondiditos. Cuando los vimos sentimos una emoción impresionante, el corazón a mil, todas las sensaciones y pensamientos, la piel de gallina. En ese momento nos permitieron salir y nos saludamos con la gente de la Cruz Roja. Cuando de repente nos dimos cuenta de que venían caminando Piedad Córdoba y el ministro Rodríguez Chacín, que habían aterrizado cerca, y ahí nos abrazamos con Piedad, con Rodríguez Chacín, con todos los que venían ahí. Bueno, la emoción, el recibimiento, en fin, y empecé a ver que bajaban unos maletines y el ministro Rodríguez Chacín nos dijo: «Esa ropa es para que se cambien». «No, ministro, así estoy y así salgo», le contesté amablemente y él entendió. Como me traían, así saldría y punto. Creo que algunos sí se cambiaron en ese momento. Yo salí tal cual estaba: de barba, con las botas llenas de barro, porque me parecía que no podía demostrar algo diferente a lo que realmente era. ¿Qué sacaba con afeitarme o con echarme cremas? Esa era la realidad y punto, gústele al que le guste. A mí no me interesaba nada diferente que abrazar a mi esposa, a mis hijos y a mi familia, y pare de contar. Inclusive ni he mirado el maletín que me dieron ese día. Ni siquiera lo he abierto. Creo que venían unos tenis, también sudaderas y camisas nuevas. Lo tengo guardado de «souvenir».

Después ocurrió el acto de entrega formal. Los guerrilleros le hicieron la venia al ministro Rodríguez Chacín, nos dejaron con él y se fueron. Había bastante empatía entre el ministro y los guerrilleros, palabras muy expresivas de parte y parte. Eso lo vimos y lo escuchamos todos, los micrófonos de la prensa también lo registraron.

Nos subimos a los helicópteros y empezaron la revisión médica y las entrevistas. Estaba Telesur, que tenía la exclusividad de la noticia, y en directo saludamos al pueblo y al gobierno venezolanos. Pero todo esto era básicamente para darle tiempo a los guerrilleros para que se fueran. Creo que el compromiso era que estuviéramos ahí durante dos horas con los helicópteros quietos mientras que ellos desaparecían en la manigua, para evitar que hubiera en ese momento algún ataque del Ejército, que seguramente estaba monitoreando. A las dos horas, el ministro Chacín se comunicó directamente con el presidente Chávez por un teléfono satelital, y el ministro dio la orden de salir.

El helicóptero iba subiendo y la ansiedad era cada vez más fuerte. Nos alejábamos del escenario en que habíamos estado los últimos años. Cuando ya dejamos de subir y emprendimos el vuelo, vi toda esa selva en su magnitud, la selva que habíamos caminado, trajinado y sufrido por tanto tiempo, por tantos años; verla desde el aire fue una de las sensaciones más impactantes que he tenido. Fue muy difícil. Recuerdo cómo llorábamos, todos, con Piedad Córdoba y con el ministro Rodríguez Chacín, viendo cómo la selva se alejaba. Todo era verde, copas de árboles unas contra las otras. Ahí no se divisaba ninguna presencia humana. Estaba fascinado con la velocidad y con la llanura de árboles y de ríos inmensos, hasta que, al cabo de dos horas de vuelo, el ministro Chacín nos dijo: «Éste es el Orinoco, estamos en territorio venezolano, ya vamos a parar, en unos minutos llegaremos a la base de Santo Domingo».

Mi llanto era una combinación de todo: de alegría, de nostalgia, de tristeza, de horror, de miedo, de pesar por los que quedaban atrás en esa selva tupida. Sí, al final era eso. Pensé en voz alta: ¡Yo aquí volando en libertad y los compañeros allá… secuestrados! Creo que, entre otras cosas, eso fue lo que produjo el llanto de todos.

Durante el viaje aproveché para narrarle al ministro Rodríguez Chacín nuestras impresiones y, sobre todo, la barbarie de la guerrilla, de cómo se había ensañado con nosotros, y él quedó estupefacto porque creía que las condiciones eran muy diferentes. Pienso que estaba engañado, no sé si de buena o de mala fe, pero al fin y al cabo engañado, porque él se mostró impresionado con lo que nosotros le estábamos contando.

Al llegar a la base de Santo Domingo pasamos directo a un jet ejecutivo que era una belleza por dentro. No sé si era el avión presidencial, pero tenía hasta bar a bordo. En esa escala aprovecharon para que los camarógrafos que habían hecho la toma del momento de la liberación le dieran al mundo la noticia. Entonces, mientras nosotros volábamos hacia Caracas, concentraron a nuestras familias en un hangar en el aeropuerto de Maiquetía y empezaron a transmitirles las imágenes, a ellos y al mundo entero. Mi familia no me reconocía en las imágenes: «Pero ¿dónde está Luis Eladio?». No me reconocieron por mi estado, por mi flacura, o por la barba. Ese vuelo de Santo Domingo a Caracas fue muy agradable: sirvieron whisky, estábamos un poquito más relajados y terminamos de contarle todo el drama a Rodríguez Chacín. Fueron cuatro horas de vuelo aprovechando al máximo para enterarlo de todo.

La llegada a Caracas

El avión aterrizó y yo logré ver a mi esposa por la ventanilla, porque a los familiares los tenían en una línea, allá al final. Cuando el avión se acercó, ellos se desesperaron y empezaron a correr hacia nosotros. Toda la guardia trató de detenerlos por el peligro. Estábamos listos para salir, pero nadie quería bajarse: estábamos sin saber qué hacer en ese momento, totalmente paralizados. Era el momento de la verdad, de volver a enfrentarse con la realidad. No sabíamos con qué nos íbamos a encontrar. A pesar de la alegría, ese momento fue, paradójicamente, muy difícil. Recuerdo que el ministro Chacín me dijo: «Luis Eladio, arranque», y arranqué y me bajé de primeras y... vi Ángela en la escalerilla. No sé cómo pude bajar, no me acuerdo. La abracé, la besé, estábamos viviendo el momento más esperado. Segundos después me dijo: «Gordo, gordo, vea, conteste eso, conteste», y me pasó un celular. Veía a mis hijos en el hangar, tenía unas ganas horribles de saludarlos, y les picaba el ojo, pero yo estaba en entrevista con Caracol Radio, que estaba transmitiendo en directo.

Ángela tenía la sospecha de que la diabetes me había avanzado en forma muy corrosiva. Pinchao le había contado que yo tenía muchos problemas con la visión. Ángela pensó que yo estaba ciego. Y cuando vio la prueba de vida, en la que yo no levanté la cara, que no manifesté nada, ella creyó que había corroborado esa sospecha. Imagínese la sorpresa cuando me bajé del avión, le di un beso enorme y le dije: «Te veo lindísima». Ella me contestó con muchísima ansiedad: «Pero, cómo así, ¿sí me puedes ver?». Fue un momento increíble.

Después abracé a mis hijos, y a mi nietecita, que no conocía: ¡es divina!, ¡y me miraba! Ese momento fue totalmente desgarrador, de alegría. ¡Carambas!, ver a mi esposa fue una emoción tan grande que no sabía si llorar, gritar, abrazarla, besarla. Quedé estupefacto. Además la encontré más linda, pensé que iba a verla agotada físicamente por todo lo que había tenido que vivir. Pero la encontré más joven, muy linda y muy cariñosa. Quiero expresar la gratitud inmensa que le tengo porque, si yo le debo la libertad a alguien, se la debo a ella, y a mis hijos, por esa lucha permanente que dieron por mí. Además, porque les brindó a mis hijos un modo de vida, los ayudó en todo mientras yo no estaba. El secuestro fue una experiencia desgarradora para toda mi familia, pero se sobrepusieron a ella, siguieron adelante con tenacidad, y hoy saben de todo lo que son capaces. De eso me siento muy orgulloso.

Ver a tanta gente en Caracas fue increíble. Yo volví a sentirme gente. Esa sensación fue la misma que tuve cuando Ingrid me regaló champú, pues era volver a sentirme persona. Cuando salimos del aeropuerto en la caravana, yo iba en el carro con mi señora, nuestros hijos estaban en otros carros, y sentí una emoción muy grande al ver el cariño de la gente en Caracas: todo el mundo con banderas saludándonos. Todos nos daban la bienvenida con afecto y con alegría.

Con esa misma alegría nos recibieron en el Palacio de Miraflores. El presidente Chávez fue muy humano con nosotros: cargó a mi nietecita y le daba besos, hasta mandó a que le trajeran una copa de helado. Ése es el lado humano de Chávez. Es que él tiene un discurso, una imagen y una presentación ante la gente y ante los medios de comunicación; pero es otro cuando uno está charlando con él. Me sorprendió mucho el calor humano que transmite, que es magnético, es carismático, un carisma impresionante. Eso hace de él una persona realmente muy especial, una persona que uno no puede subestimar, ni hacer de él apreciaciones a priori por algunas actuaciones. Es una persona que hay que analizar en toda su integridad. Eso es Chávez, el otro Chávez que la gente no conoce, porque de pronto conoce al populista.

Nuestros relatos sirvieron para que en el Palacio de Miraflores se dieran cuenta de la realidad que nosotros habíamos vivido. Expresaron todo su repudio al secuestro y a las condiciones infrahumanas en las que nos tenían, creo que había una desinformación absoluta. Lo que sucedió con Emmanuel es el reflejo de esa desinformación. ¿Cómo es posible que el Secretariado hubiera sacado un comunicado hablando de la liberación de Emmanuel sabiendo que no lo tenían? Yo creo que los primeros sorprendidos fueron incluso los miembros del Secretariado. El «caso Emmanuel» dejó al descubierto ante el mundo su inhumanidad y su barbarie.

El hotel vs. el cambuche

Es indescriptible la sensación de pasar de la selva a un hotel cinco estrellas, eso sí es un cambio. Además, nos habían preparado una suite, con todas las atenciones. Esa primera noche fue muy especial, aunque no dormimos ni un minuto, mi señora necesitaba hablar y yo necesitaba que me contara todo: «Cuéntame toda la verdad, quién nos acompañó y quién no, qué pasó, cuánto tiempo estuvieron los hijos fuera de la universidad…». En fin, quería saber todo, que no me ocultara nada, por difícil que fuera. De manera que así fue esa primera noche, reunido con Ángela y mis hijos, charla va, charla viene.

Duré un buen tiempo para recuperar el apetito. Esa primera noche no quería comer nada. Sin embargo, en los cinco días que estuvimos en Caracas, sólo picando bobaditas, un pedacito de queso o un jugo, no más, subí cinco kilos. ¡Cinco kilos! ¡Cómo es el organismo! Sólo fue tener la sensación de libertad y de tranquilidad, de sentirme contento a plenitud, para empezar a recuperarme.

El Gobierno venezolano restringió el contacto en el hotel. No nos pasaban llamadas de nadie. Nosotros estábamos en el último piso, todo el piso reservado, y los otros familiares en el piso de abajo y no los dejaban subir. Yo creo que había varias razones para eso: por medidas de seguridad, porque no querían que tuviéramos contacto con los medios de comunicación que estaban apostados en la puerta del hotel, y también para que descansáramos y disfrutáramos de esa integración con la familia.

En ese momento no tenía otra ropa que la que traía puesta. Mi hijo me había comprado algunas cosas pero me quedaron grandísimas porque no había calculado los veinte kilos que me había quitado el secuestro. Entonces, al día siguiente, le propuse a mi esposa que saliéramos a comprar algo, pero no fue posible porque el personal de vigilancia tenía orden de no dejarnos abandonar el hotel. Sólo podíamos ir a los centros médicos y nada más.

Pero fue muy lindo, porque hubo efectivamente una reintegración con la familia. También empezamos a hacer amistad con la familia de Gloria y sus tres hijos, con la familia de Jorge Eduardo, con la de Orlando. Nos la pasábamos riéndonos, charlando, yendo de cuarto en cuarto. Y así estuvimos hasta que tomamos la determinación de regresar a Colombia, y el Gobierno venezolano puso el avión a nuestra disposición. Partimos con Gloria Polanco y nuestras familias.

La llegada a Colombia

Estaba muy nervioso al llegar a Bogotá. Cuando aterrizó el avión sentí una inmensa emoción, y más aún porque cuando estábamos aterrizando nos pusieron el himno de Colombia. Todos llorábamos. Después del carreteo del avión, hicieron bajar primero a todas las familias y nos dejaron a Gloria y a mí de últimas. Ahí estaba Samuel Moreno, el alcalde de Bogotá.

Cómo son las cosas de la vida: éramos dos ciudadanos colombianos que regresábamos después de un infierno, de estar secuestrados por siete años y no había ningún funcionario del gobierno colombiano recibiéndonos. Ninguno. Solamente Samuel Moreno y Clara López, la secretaria de Gobierno del Distrito. Nadie más. Muy triste. Al fin y al cabo yo había sido congresista y senador de la República, y gobernador de Nariño. Fue un contraste muy grande con lo que habíamos vivido en Caracas. Muy decepcionante que ni siquiera el secretario del secretario del asistente del secretario hubiera salido en nombre del Congreso de Colombia, que ni siquiera la asistente de la asistente de la secretaria del secretario del viceministro o del ministro hubiera salido en nombre del Gobierno nacional, el de Uribe, a darnos la bienvenida a nuestro país después de una situación de siete años en el infierno de la selva.

La familia

Después de esa llegada tan decepcionante a Bogotá, nos fuimos por fin a la casa. Yo no conocía, claro, el nuevo apartamento. Cuando íbamos en el carro le preguntaba a Ángela: «Bueno, ¿a dónde es que me llevas, gordita?». «Ya vas a ver». Insistía: «Pero lo único que no quiero ver más es un árbol». Y, ¡preciso!, el apartamento está rodeado de árboles. Ángela no sabía qué decir, le hice todas las bromas que se me ocurrieron, claro. Pero es un lugar muy agradable y lindo… y es más que un lugar, es un hogar que ha sido mantenido con amor, eso lo sentí desde que entré.

El reencuentro con mi familia ha sido mucho más fácil de lo que creía porque el amor estaba ahí, refundido por el trajinar de los días, pero no se había perdido. Recuperamos la comprensión para entender que se habían producido cambios, sin duda, cambios en nuestros comportamientos, en nuestras actitudes, en los gustos. Asumimos con mucha madurez la existencia de esos cambios, porque con toda esta horrible experiencia somos otros en muchos aspectos. Además, vi en Ángela muchas habilidades y capacidades que no le conocía, y eso fue impactante, pero también fue una inmensa satisfacción desde el punto de vista personal. Por eso agradezco no haberme dejado vencer por la desesperanza durante esos casi siete años de cautiverio. El peor error que uno puede cometer en esas circunstancias es dejarse morir, entregarse. El día que uno se entrega a la desesperanza, se muere, y ahí no hay discusión ninguna. Por eso es importante soñar, porque ese sueño es el que genera la esperanza y el que da las fuerzas necesarias para mantenerse.

La primera noche que pasé en Bogotá padecí un frío pavoroso, pero también el inmenso calor de la familia, rodeado de muchos amigos que fueron a visitarme y, por supuesto, de la ilusión de mi esposa y de mis hijos de mostrarme el nuevo hogar hasta en sus más mínimos detalles. Trasladarme de la selva, con escala en un hotel cinco estrellas, a un apartamento que era mi hogar, es sin duda una sensación supremamente extraña. Es muy extraña. Carambas, después de vivir con tantas necesidades, y de pronto, estaba rodeado de todo el afecto, de comodidades, de todo lo que se me había prohibido durante siete años.

Y es cuando pienso en las penurias de mis compañeros de secuestro y en las necesidades que estarán pasando que siento un enorme vacío, porque yo tengo felicidad, la felicidad de tener a mi familia, de reintegrarme a la sociedad, de las expresiones de cariño de la gente en Bogotá, en Nariño, en Colombia; pero también tengo tristeza de pensar que los compañeros de cautiverio están pasando por las mismas angustias, por los mismos sufrimientos que yo viví durante siete años, y eso es lo que me impulsa a buscar una solución para traerlos de vuelta rápidamente.

La comodidad que más extrañé fue la cama. La cama pero con un televisor al frente y la compañía de mi señora. La combinación de señora, televisor y cama. Siempre extrañé esos momentos tan agradables, porque era allí cuando me sentía tranquilo, contento, viendo y comentando con Ángela una buena película o el noticiero. Sin duda era de las vivencias que más extrañaba.

Mi familia pensaba permanentemente que yo no estaba vivo o que estaba pasando por momentos muy difíciles. Por eso los primeros días Ángela y yo hablamos, hablamos y hablamos: sobre mis sufrimientos, los de ella, los de mis hijos. En algún momento nos sentíamos demasiado afectados por las circunstancias y esto no nos permitía un momento de tranquilidad. Hasta que un día tomamos la determinación de no hablar más de qué pasó, sino más bien tratar de liberarnos del pasado y vivir el presente. Partir de cero y empezar de nuevo. Y la verdad es que lo hemos hecho con muchísimo amor, comprensión y tolerancia, y hoy en día los dos nos sentimos felices, felices de poder estar juntos.

Pero no paso mucho tiempo en la casa. Ángela me pide que no salga tanto pero yo le digo: «Gordita, compréndame, estoy recuperándome y quiero sentirme activo, quiero hacer esto y lo otro, ir de un lado al otro, porque si no, me desespero». Me tracé el propósito de estar muy activo y de no ser inútil, y al mismo tiempo de no dejarme rodear por sentimientos que en un momento dado me pudieran causar daño. Entonces siempre estoy haciendo algo.

Y, claro, todavía tengo alterado el horario. Las rutinas de la selva son totalmente diferentes a las rutinas en familia. En la selva estaba acostado a las seis de la tarde, como una gallina. A las ocho, ocho y media de la noche ya estaba dormido, y a las tres, tres y media de la mañana estaba despierto. Es un horario difícil de entender en la ciudad. Traté de readaptarme a mi nuevo horario pero, por ejemplo, si Ángela o mis hijos me hablaban a eso de las seis de la tarde... yo me quedaba dormido. Y me despertaba a las tres de la mañana y ella estaba profundamente dormida y, por supuesto, le molestaba el ruido que yo hacía: prendía la luz, prendía el radio, entraba al baño, y bueno, no le gustaba mucho. Pero lo que yo he recibido y sentido es mucho amor de la familia, mucha comprensión. La comprensión también ha sido de mi parte, creo, pues he tenido que adaptarme a cosas que también me incomodan.

Me ha llamado la atención ver actitudes que no les conocía. Por ejemplo, la independencia de mi señora y de mis hijos. Ellos antes del secuestro eran más dependientes. Hoy en día pareciera que yo dependo más de ellos. Tienen una actitud muy diferente, más madura, más tranquila. También tienen mucha inquietud en relación con el acuerdo humanitario, conocen del tema, lo han estudiado, saben quién es valioso, quién no representa nada, quién engaña, quién no engaña, tienen un concepto claro de los medios de comunicación, del papel que han venido jugando. Y eso es nuevo, antes no les interesaba en lo más mínimo la actividad política, que es a lo que yo he dedicado mi vida profesional. Eso me gusta mucho.

Por qué me liberaron

A mí me liberaron por la lucha de mi señora y de mis hijos, de mi familia. Ellos movieron cielo y tierra, hablaron con gente que a mí jamás se me hubiera ocurrido contactar, hicieron lo humanamente posible, llegaron a tocar puntos neurálgicos y fueron a sitios insólitos. Pero también creo que me liberaron porque la guerrilla se dio cuenta de que yo siempre fui un tipo demócrata. Por ejemplo, como gobernador de Nariño fui el primero y creo que el único gobernador que se atrevió a darle participación a la Unión Patriótica, agrupación política de izquierda. Y lo hice durante un gobierno de partido, que no daba participación en los gabinetes. Estoy hablando de los años de 1987, 1988 y 1989, durante el gobierno de Virgilio Barco, con César Gaviria como ministro de Gobierno. Un gobierno eminentemente liberal. Creo que fui el único que tomó como gobernador esas decisiones, en contravía de Fernando Cepeda, que fue mi primer ministro. Creo que mis actuaciones en la política regional fueron de comprensión, de tolerancia, de avanzada, con la preocupación de generar oportunidades a las nuevas expresiones. No sé si eso pudo haber tenido algún grado de influencia, si es que las FARC todavía tienen algo de criterio político.

Yo no creo, como algunos me dicen, que me hayan liberado para que cumpliera un papel específico. Creer eso significaría que salí con síndrome de Estocolmo. Cuando es absolutamente todo lo contrario. A riesgo de mi propia vida le he demostrado al mundo los errores y los horrores que han cometido las FARC, sus crímenes y atrocidades. Lo que me ha movido a trabajar por la liberación de los secuestrados es mi conciencia, es mi compromiso con esas personas y particularmente con Ingrid Betancourt, que fue muy especial y solidaria conmigo. Tengo ese compromiso moral, con mi conciencia, conmigo mismo, y eso es lo que estoy haciendo. Eso no implica que yo haya salido comprometido con la guerrilla. No. Ni tampoco tengo un compromiso con el Gobierno actual. He sido claro sobre los errores que ha cometido en este proceso el Gobierno y lo he dicho de frente, pues entre más sinceras sean las expresiones, más constructivas serán.

Desde la libertad

¿Qué se le podría agradecer a la selva después de vivir siete años en esas circunstancias? Tal vez haberme permitido oxigenar mis pulmones y mi mente. Creo que soy un hombre más sano mentalmente. Creo que la influencia de tanta naturaleza y tanta soledad me han permitido ver el mundo desde otra óptica. Hoy me siento una persona más humilde, más tolerante, y esa humildad y esa tolerancia son enseñanzas de la selva, de los animales y de la naturaleza, y de todas las penurias del cautiverio.

Todavía tengo mucho camino para readaptarme. Por ejemplo, cuando escucho una explosión, un tiro, una ráfaga, me pongo muy nervioso. Me recuerda los sonidos que en la selva no me producían miedo. Aquí sí me afectan el sistema nervioso, tal vez porque me recuerdan el peor y más miserable lugar donde yo haya estado en toda mi vida, la selva, y encadenado. Me ha pasado en varias oportunidades y he sentido verdadero pánico. Por ejemplo, estuve unos días a las afueras de Bogotá y coincidió con la celebración de un matrimonio. Había juegos pirotécnicos y cuando empezaron a retumbar, yo quedé paralizado y desubicado. No sabía si estaba en un campamento, si estaba en mi cambuche. Me asusté muchísimo y a mi familia le tomó unos minutos calmarme.

Hay algo que me ha abrumado realmente: los nuevos aparatos que hay. No conocía un DVD, tampoco los computadores de última generación, los celulares con toda clase de funciones, etc. Cuando llegamos a Caracas y nos llevaron a hacernos los exámenes médicos, había gente muy cariñosa que quería tomarnos una foto, y yo posando como reina de belleza y esperando las cámaras y los *flashes*, y los lentes, y nada. Hasta que al fin le dije a una señora de las que querían nuestra foto: «Señora, me da pena, pero, ¿lo pueden hacer rápido? Porque los médicos están esperando», y ella me respondió que hacía rato que las habían tomado. No tenía ni idea de que los teléfonos celulares tenían cámaras, ni cómo se manejaba eso.

Pero más allá de todos los avances tecnológicos que me han llamado la atención, ¿sabe qué me ha sorprendido tremendamente desde que volví? La cara de la gente en Colombia. Hoy la cara es de alegría. Me sorprende cuando voy a un restaurante, a un parque, a un centro comercial, a cualquier sitio, veo gente contenta, todo el mundo está alegre, todo el mundo está como con ganas de vivir, con ilusiones. Hay mucha gente, los bares, los restaurantes viven llenos, y hay un derroche de alegría, no derroche económico sino de felicidad. Eso es lo que más me ha sorprendido, que hay una nueva cara, un nuevo semblante en el común de los colombianos. No sé si es producto de la Política de Seguridad Democrática del presidente Uribe, no sé si es producto de una gestión económica positiva, no tengo ni idea de cuáles son las causas, falta el estudio sociológico, pero se vive un clima y un ambiente diferente.

He tomado la determinación de mantenerme al margen de la actividad política proselitista, sea ésta aspirar al Congreso o a cualquier cargo de elección popular. Lo que sí he manifestado es que ojalá todos los colombianos pensáramos y actuáramos en función política. Pero política grande, política constructiva. Si eso sucediera, Colombia sería un país totalmente distinto. Quiero seguir este tipo de política. No quiero nada diferente a trabajar en la búsqueda de una solución inmediata para los compañeros que quedaron allá. Creo que ya cumplí un ciclo en la política, pero sí puedo contribuir desde otro ángulo, eso sí lo voy a hacer, y voy a estar permanentemente activo en construir la paz que todos los colombianos deseamos. Ése es mi horizonte, ésa es mi obsesión, tratar de brindarles a nuestros hijos y a nuestros nietos un país mejor que el que conocemos, que podamos romper esa infame cultura de la violencia que tanto daño nos ha hecho.

Los compañeros desde la libertad

Sigo en contacto con mis compañeros de secuestro. Sobre todo con Jorge Eduardo y con Gloria porque tenemos amigos en común. Nos hemos visto en reuniones, en almuerzos, en comidas, y eso nos ha permitido tener reencuentros muy agradables, comentar algunas de las experiencias que vivimos juntos. Además, hemos hecho algunas reuniones para comentar cosas agradables del secuestro, cosas chistosas. Aunque suene paradójico, hay momentos que uno recuerda con mucho cariño. Hay uno que fue muy simpático: estábamos los cuatro, Gloria, Jorge Eduardo, Ingrid y yo, cada uno en su hamaca. Estábamos en un círculo a las seis o siete de la noche, charlando, comentando cualquier noticia, hablando sobre cualquier bobada, y a Gloria Polanco le dio un afán tremendo por ir a acostarse y nosotros le decíamos: «Ay, Glorita, quédese un rato más, no moleste». Tanto insistió que al final le dijimos «bueno, vaya y acuéstese». Entonces ella trató en la oscuridad de desatar su hamaca, y en lugar de desatar la de ella, desató la de Jorge Eduardo y el totazo que se pegó fue durísimo. Primero fue el susto, porque Jorge Eduardo tiene una lesión en la columna y un golpe de esos habría podido dejarlo paralizado. Pero lo simpático es que Jorge Eduardo se levantó, pegó el salto como un resorte, y le dijo: «Glorita, Glorita, no te preocupes, no te afanes, no te preocupes, no te afanes». Nosotros nos reíamos a carcajadas, porque ella fue con muchísimo cuidado a sacar su hamaca para no molestar a nadie, y se equivocó. ¡Ah!, entonces había momentos agradables. Conversábamos, echábamos chistes, cada uno comentaba anécdotas de su vida pública y privada, que pudieran causar gracia y, obviamente, relajar el ambiente.

Una cosa que me ha pasado es que no he podido enviar ningún mensaje por radio. No sé si soy excesivamente sentimental o es que se me ablanda la «gurupela», como dicen en mi tierra, pero no he sido capaz. La única vez que lo hice fue en Francia, pues me llevaron a la fuerza a grabar un mensaje para Radio Francia Internacional. Pero acá en Colombia no lo he hecho, no me salen las palabras. Lo he intentado muchas veces, pero cuando tengo la llamada, cuelgo, me pongo nervioso y me bloqueo. Lo que me perturba es que sé que los están esperando. Pero también sé que en los mensajes que Yolanda Pulecio le ha mandado a Ingrid, ella sabe que estoy trabajando por sacarlos de allá, que no los he olvidado.

El 4 de febrero

El 4 de febrero de 2008 me quedará en la memoria de por vida por tres razones fundamentales. Primera, porque ese día se despertó la sociedad colombiana. Ese día se despertó la conciencia de los colombianos frente al drama de sus compatriotas secuestrados en la selva. Hubo un rechazo generalizado a las actitudes violentas y a la guerrilla como su máxima expresión. Ese día, independientemente de las posiciones políticas, Colombia entera se expresó, y eso para nosotros, los secuestrados, fue muy emocionante.

Los crímenes más claros de lesa humanidad son sin duda el homicidio y el secuestro. Pero creo que es más inhumano el segundo, pues es una lenta agonía que en muchos casos también finaliza en la muerte. El secuestrado es un ser humillado en lo más íntimo de su dignidad, su cuerpo se convierte en mercancía de canje, no tiene ningún derecho, ninguno, ni siquiera a ir al baño. Encima de todo no sólo sufre por las condiciones a que es sometido, sino porque sabe que su familia también sufre.

Las cifras sobre cuántos secuestrados hay en Colombia no son exactas. Cuando se trata de secuestro extorsivo, por ejemplo, muchas veces las familias no denuncian el hecho pues las amenazan con matar al secuestrado. Pero se calcula que en los últimos diez años han sido secuestradas treinta mil personas y se cree que hoy en día más de tres mil permanecen bajo el poder de la guerrilla. ¡El 80% de los raptos en el mundo tienen lugar en Colombia! Se secuestran ocho personas al día. Una persona cada tres horas.

La historia del secuestro en Colombia es muy larga. El primero data de 1933, una niñita de tres años, Elisa Eder, fue secuestrada. Su padre, Harold Eder, pagó cincuenta mil pesos de la época para recuperarla. Treinta años después el industrial fue asesinado cuando trataban de plagiarlo. Los secuestros extorsivos son una industria que genera unos treinta mil millones de pesos al año, más de diez mil millones de euros para los secuestradores.

En Colombia ha habido más secuestros de niños que en ningún otro lugar del mundo, se calcula que más de tres mil. Los plagiados siempre tenemos alto riesgo de morir en cautiverio y se calcula que por lo menos mil trescientos han fallecido en semejantes condiciones de inhumanidad. Esta cifra incluye once diputados del departamento del Valle del Cauca que estaban en poder de las FARC y que fueron ¡asesinados por la espalda y con ráfagas de ametralladora!

Colombia también tiene otro récord: Pablo Emilio Moncayo, oficial del Ejército, es una de las personas que ha sido privada de su libertad por más tiempo; lleva secuestrado desde el 21 de diciembre de 1997.

El secuestro no respeta a nadie. En este momento hay en cautiverio, como perros, desde una candidata presidencial (Ingrid Betancourt), policías, ejército, amas de casa, comerciantes, estudiantes, niños, gente pobre, gente reconocida, de todo, hasta bebés. ¡Se ha secuestrado hasta gente en misa!

Nosotros escuchábamos los reportes de la marcha del 4 de febrero desde cautiverio y nos emocionamos tanto que la guerrilla estaba desconcertada. Porque la víspera de la marcha todos los guerrilleros decían: «Eso es cuento de la oligarquía. Serán cuatro pendejos ahí marchando». Pero a lo largo del día empezaron a darse cuenta de la magnitud de la manifestación. Creo que se especuló sobre un comunicado de la guerrilla que convertía en reto la marcha: si se demostraba que más del cincuenta por ciento de los colombianos salían a protestar, la guerrilla estaría dispuesta a deponer las armas. Esta información no tenía mucho fundamento, pero se empezó a especular allá, en el ambiente de la selva. Cuando vieron que fueron seis millones los que marcharon en todo el país y en el mundo, entendieron que habían perdido una parte fundamental: el respaldo popular. Es un rechazo a las FARC. No queremos meternos con política, ni que se nos vincule con que estamos o no a favor del Gobierno. La idea es dejar en claro a la comunidad internacional que las FARC no tienen el respaldo de la gente, ni es un ejército del pueblo.

La segunda razón por lo que el 4 de febrero fue tan especial, es que me encontré por última vez con Ingrid Betancourt. Y, tercero, porque ese mismo día empezó mi marcha hacia la libertad. Esta fecha quedará en mi memoria para siempre.

El secuestro lo siento vivo y quiero mantenerlo vivo por mis compañeros. Si me alejo de ellos estaría cometiendo un acto de deslealtad y de ingratitud que no me perdonaría nunca. Mantengo muy frescos todos los recuerdos del secuestro, porque me impulsan a trabajar por la libertad de los colombianos que están en la selva, que son muchos, porque sé cómo están sufriendo. Cuando son las cinco y treinta de la tarde, todos los días, pienso que ya están encadenados, tratando de coger la señal del radio, especialmente para oír el programa «La luciérnaga», para hacerle el seguimiento al proceso, están metidos en una caleta, con incertidumbre, tristeza, enfermos.

El recuerdo de esa espantosa vivencia que es el secuestro, una sentencia a muerte gratuita y suministrada con cuenta gotas, es lo que me mueve a estar en actividad permanente tratando de contribuir para que ellos puedan volver a abrazar a sus familias. Ojalá muy pronto.

Prometo no descansar hasta que lo logre. ¡Hasta que lo logremos entre todos!

Posible ruta de Luis Eladio Pérez

COLOMBIA

1. Las FARC secuestran a Luis Eladio Pérez en el corregimiento La Victoria, municipio de Ipiales, 10 de junio del 2001.
2. Sitio donde permaneció solo durante dos años, entre Monopamba, municipio de Puerres, en Nariño, y Orito, en Putumayo, sobre la línea del Oleoducto Transandino, junio del 2001 a junio del 2003.
3. Traslado a territorio ecuatoriano en la frontera con Colombia, junio del 2003.
4. Movilización por el río San Miguel y el río Putumayo, paso por Tres Esquinas y llegada a Caquetá, junio del 2003.
5. Hospital de las FARC entre Remolinos y San Vicente del Caguán, junio a agosto del 2003.
6. Encuentro en el río Yarí con Ingrid Betancourt y Clara Rojas, 22 de agosto del 2003.
7. Posible zona donde se encontraba el campamento de Martín Sombra, ahí se encontró con los demás políticos, los tres norteamericanos y veintiocho militares y policías.
7-8. Posible zona donde tuvo lugar la marcha de cuarenta días con Martín Sombra.
8. Sitio de fuga con Ingrid Betancourt.
9. Campamentos donde permaneció desde el 2005 hasta febrero del 2008, inicio de la marcha de liberación con destino a San José del Guaviare.
10. San José del Guaviare, sitio de la liberación, 27 de febrero del 2008.

Este libro
se terminó de imprimir
en los Talleres Gráficos
de HCI Printing
3201 S.W. 15th Street
Deerfield Beach, FL 33442
U.S.A.